本书由以下项目资助

国家自然科学基金面上项目"全球变化背景下'丝绸之路经济带'的生态环境支撑能力及可持续发展研究"（41971127）

国家自然科学基金重大研究计划 "黑河流域生态-水文过程集成研究"培育项目"近50年来黑河流域水环境演变与人类活动耦合机理研究"（91125020）

国家自然科学基金面上项目"基于生态系统健康的流域可持续管理能力评价研究——以西部典型内陆河流域为实证"（71373109）

黄河水利委员会黑河流域管理局委托项目"黑河流域水资源管理与调度规范立法体系建设研究"（2013）

兰州大学中央高校基本科研业务费专项资金"黑河重大研究计划系列丛书"（561219056）

"十三五"国家重点出版物出版规划项目

国家出版基金项目
NATIONAL PUBLICATION FOUNDATION

黑河流域生态-水文过程集成研究

黑河流域最严格水资源管理
法规体系构建

张大伟　徐　辉　等　著

科学出版社　龙門書局

北京

内 容 简 介

本书从黑河流域实施最严格水资源管理法规体系构建的必要性和可行性分析入手，对国内外典型流域水资源法制化管理的经验得失进行系统梳理和总结，提炼本土化环境和实现路径可借鉴的国际经验和思路，并对黑河流域水资源管理实践中涉及的主要法规制度按照规范内容进行综合评述。在此基础上，以机构能力建设为主线，以流域生态系统管理理念为指导，以流域可持续发展为目标，探讨构建"一大一小一中"三套黑河流域最严格水资源管理法规体系框架，通过比对，提出推荐方案和近期立法规划。本书将为建立科学、高效、可持续的黑河流域最严格水资源管理提供理论支撑和实践指导。

本书可以作为资源与环境管理以及资源与环境法领域的科研、管理和教学人员的工具书，也可作为相关专业本科生和研究生的学习资料。

图书在版编目(CIP)数据

黑河流域最严格水资源管理法规体系构建 / 张大伟等著. —北京：龙门书局，2019.10

（黑河流域生态–水文过程集成研究）

国家出版基金项目 "十三五"国家重点出版物出版规划项目

ISBN 978-7-5088-5637-7

Ⅰ. ①黑… Ⅱ. ①张… Ⅲ. ①黑河–流域–水资源管理–法律–研究–中国 Ⅳ. ①D927.402.664

中国版本图书馆 CIP 数据核字（2019）第 207121 号

责任编辑：李晓娟 / 责任校对：樊雅琼
责任印制：肖 兴 / 封面设计：黄华斌

科学出版社 龍門書局 出版

北京东黄城根北街 16 号
邮政编码：100717
http://www.sciencep.com

中国科学院印刷厂 印刷

科学出版社发行 各地新华书店经销

*

2019 年 10 月第 一 版 开本：787×1092 1/16
2019 年 10 月第一次印刷 印张：9 1/4 插页：2
字数：220 000

定价：138.00 元

（如有印装质量问题，我社负责调换）

《黑河流域生态–水文过程集成研究》编委会

《黑河流域最严格水资源管理法规体系构建》
撰写委员会

主　笔　　张大伟　徐　辉

成　员　　(按姓氏笔画排序)

王成亮　王艳萍　王　聪　韦斌杰

冯莉莉　师　诺　杨亮亮　武玲玲

总　　序

20 世纪后半叶以来，陆地表层系统研究成为地球系统中重要的研究领域。流域是自然界的基本单元，又具有陆地表层系统所有的复杂性，是适合开展陆地表层地球系统科学实践的绝佳单元，流域科学是流域尺度上的地球系统科学。流域内，水是主线。水资源短缺所引发的生产、生活和生态等问题引起国际社会的高度重视；与此同时，以流域为研究对象的流域科学也日益受到关注，研究的重点逐渐转向以流域为单元的生态–水文过程集成研究。

我国的内陆河流域占全国陆地面积 1/3，集中分布在西北干旱区。水资源短缺、生态环境恶化问题日益严峻，引起政府和学术界的极大关注。十几年来，国家先后投入巨资进行生态环境治理，缓解经济社会发展的水资源需求与生态环境保护间日益激化的矛盾。水资源是联系经济发展和生态环境建设的纽带，理解水资源问题是解决水与生态之间矛盾的核心。面对区域发展对科学的需求和学科自身发展的需要，开展内陆河流域生态–水文过程集成研究，旨在从水–生态–经济的角度为管好水、用好水提供科学依据。

国家自然科学基金重大研究计划，是为了利于集成不同学科背景、不同学术思想和不同层次的项目，形成具有统一目标的项目群，给予相对长期的资助；重大研究计划坚持在顶层设计下自由申请，针对核心科学问题，以提高我国基础研究在具有重要科学意义的研究方向上的自主创新、源头创新能力。流域生态–水文过程集成研究面临认识复杂系统、实现尺度转换和模拟人–自然系统协同演进等困难，这些困难的核心是方法论的困难。为了解决这些困难，更好地理解和预测流域复杂系统的行为，同时服务于流域可持续发展，国家自然科学基金 2010 年度重大研究计划"黑河流域生态–水文过程集成研究"（以下简称黑河计划）启动，执行期为 2011~2018 年。

该重大研究计划以我国黑河流域为典型研究区，从系统论思维角度出发，探讨我国干旱区内陆河流域生态–水–经济的相互联系。通过黑河计划集成研究，建立我国内陆河流域科学观测–试验、数据–模拟研究平台，认识内陆河流域生态系统与水文系统相互作用的过程和机理，提高内陆河流域水–生态–经济系统演变的综合分析与预测预报能力，为国家内陆河流域水安全、生态安全以及经济的可持续发展提供基础理论和科技支撑，形成干旱区内陆河流域研究的方法、技术体系，使我国流域生态水文研究进入国际先进行列。

为实现上述科学目标，黑河计划集中多学科的队伍和研究手段，建立了联结观测、试验、模拟、情景分析以及决策支持等科学研究各个环节的"以水为中心的过程模拟集成研究平台"。该平台以流域为单元，以生态–水文过程的分布式模拟为核心，重视生态、大气、水文及人文等过程特征尺度的数据转换和同化以及不确定性问题的处理。按模型驱动数据集、参数数据集及验证数据集建设的要求，布设野外地面观测和遥感观测，开展典型流域的地空同步实验。依托该平台，围绕以下四个方面的核心科学问题开展交叉研究：①干旱环境下植物水分利用效率及其对水分胁迫的适应机制；②地表–地下水相互作用机理及其生态水文效应；③不同尺度生态–水文过程机理与尺度转换方法；④气候变化和人类活动影响下流域生态–水文过程的响应机制。

黑河计划强化顶层设计，突出集成特点；在充分发挥指导专家组作用的基础上特邀项目跟踪专家，实施过程管理；建立数据平台，推动数据共享；对有创新苗头的项目和关键项目给予延续资助，培养新的生长点；重视学术交流，开展"国际集成"。完成的项目，涵盖了地球科学的地理学、地质学、地球化学、大气科学以及生命科学的植物学、生态学、微生物学、分子生物学等学科与研究领域，充分体现了重大研究计划多学科、交叉与融合的协同攻关特色。

经过连续八年的攻关，黑河计划在生态水文观测科学数据、流域生态–水文过程耦合机理、地表水–地下水耦合模型、植物对水分胁迫的适应机制、绿洲系统的水资源利用效率、荒漠植被的生态需水及气候变化和人类活动对水资源演变的影响机制等方面，都取得了突破性的进展，正在搭起整体和还原方法之间的桥梁，构建起一个兼顾硬集成和软集成，既考虑自然系统又考虑人文系统，并在实践上可操作的研究方法体系，同时产出了一批国际瞩目的研究成果，在国际同行中产生了较大的影响。

该系列丛书就是在这些成果的基础上，进一步集成、凝练、提升形成的。

作为地学领域中第一个内陆河方面的国家自然科学基金重大研究计划，黑河计划不仅培育了一支致力于中国内陆河流域环境和生态科学研究队伍，取得了丰硕的科研成果，也探索出了与这一新型科研组织形式相适应的管理模式。这要感谢黑河计划各项目组、科学指导与评估专家组及为此付出辛勤劳动的管理团队。在此，谨向他们表示诚挚的谢意！

2018 年 9 月

前　言

　　黑河作为我国第二大内陆河和西北地区灌溉农业开发最早的流域，横跨青海、甘肃和内蒙古三个省（自治区），中游地处"古丝绸之路"、今日欧亚大陆桥和"丝绸之路经济带"核心通道之要地，下游则是我国沙尘暴的主要发源地之一。流域内地形地貌复杂、气候条件迥异、景观类型多样，由于干旱缺水、生态脆弱、民族聚居且涉及国防军工等，水事矛盾突出，黑河流域水资源的保护开发利用和生态环境保护，不仅是我国西北地区乃至华北地区阻挡风沙侵袭、保护生态的重要天然屏障，也是当地人民生息繁衍、民族团结、社会安定、国防科研、边防建设和"丝绸之路经济带"核心通道建设的重要依托。

　　在国家的大力支持下，黑河流域机构通过不懈努力以及流域内各省（自治区）有关单位和相关利益主体的积极配合，基本实现了黑河流域近期治理规划确定的目标，流域生活、生产和生态用水矛盾，地区间的水事矛盾，下游地区的生态环境日趋恶化的趋势均得以初步缓解，取得了较为显著的生态效益、社会效益和经济效益。

　　但是，随着全球变化和经济社会的快速发展，特别是在国家实施最严格水资源管理制度和"丝绸之路经济带"倡议提出的背景下，黑河流域水资源管理潜在的问题逐步显现，且日益突出。具体包括：流域水资源管理立法滞后，相关法规单一、薄弱；流域管理机构权限配置有限，职责权限单一；流域水资源管理机制及技术支撑手段仍然单一落后；用水、管水理念需要进一步提高；流域法规体系尚不健全；等等。这些问题的存在使流域管理机构难以独立和全面地承担流域综合管理职能，远不能适应流域健康和可持续发展的需求。

　　在此背景下，本书从黑河流域实施最严格水资源管理法规体系构建的必要性和可行性分析入手，对国内外典型流域水资源法制化管理的经验得失进行系统梳理和总结，提炼本土化环境和实现路径可借鉴的国际经验和思路；对黑河流域管理体制存在的问题进行深入分析，探讨黑河流域水资源管理实际及其管理法规体系构建的思路和重点；对黑河流域水资源管理实践中涉及的主要制度进行半定量化的评述，为流域最严格水资源管理法规体系框架设计提供依据。在此基础上，以机构能力建设为主线，以流域生态系统管理理念为指导，以流域可持续发展为目标，探讨构建"一大一小一中"三套黑河流域最严格水资源管理法规体系框架，并对法规体系框架的主要内容及涉及的重要制度安排予以详细说明；通过对三套设计方案的比对，推荐其中的第三套方案——折中方案，并拟订相应的近期立法规划，供决策部门参考。

本书的最终完成及顺利出版，首先要衷心感谢《黑河流域生态–水文过程集成研究》编委会，将本书纳入系列丛书；其次要感谢黄河水利委员会黑河流域管理局、甘肃省水利厅、张掖市水务局、张掖市生态环境保护局、张掖市政府法制办、祁连县水务局、额济纳旗水务局等机构以及王道席、楚永伟、高学军、代君、戚独胜、葛贵、王虎等人的热心指导、无私帮助和和宝贵意见；最后要特别感谢科学出版社李晓娟编辑及其各位同仁，在本书编辑过程中提出了许多宝贵意见，并付出了辛勤的劳动。由于作者知识水平有限，对本书中的错误与不足之处，恳请广大读者批评指正。

作　者

2018 年 11 月

目　　录

第1章 黑河流域最严格水资源管理法规体系构建的必要性和可行性

由于黑河流域面积幅员适中、问题典型突出，既有一般流域的各类水事矛盾，又有水资源紧缺、跨界河流的问题，同时又有相对可控等特征，对黑河流域水资源的保护开发利用、生态环境保护和可持续管理，既有促进区域经济社会可持续发展的现实意义，又有构建保护我国生态屏障、民族团结、社会安定、国防科研、边防建设和支撑"丝绸之路经济带"建设的战略意义，有望为我国其他流域的管理提供有效示范，成为我国流域可持续管理的模式流域。

1.1 最严格水资源管理法规体系构建的战略需求

1.1.1 黑河是我国第二大内陆河

黑河是我国第二大内陆河，第一大跨省（自治区）内陆河，发源于青藏高原北部的祁连山区中段，东与石羊河流域为邻，西与疏勒河流域相接，北至内蒙古自治区额济纳旗境内的居延海（图1-1）。流域范围为东经 98°～102°，北纬 37°50′～42°40′，干流全长928km，流域面积约 14.3 万 km²。同时，黑河流域分属三个省（自治区），上游属青海省祁连县，中游属甘肃省张掖市一区五县、酒泉市等县（市、区），下游属甘肃省金塔县和内蒙古自治区额济纳旗，境内尚有重要的国防和军事基地东风场区，且流域北部部分区域还与蒙古国接壤。

黑河流域由于深居欧亚内陆，受中高纬度西风带环流控制和极地冷气团的影响，流域气候干燥、降水稀少集中且蒸散发量巨大，是典型的资源型缺水流域，水资源难以满足区域经济发展和生态平衡需要，历史上流域的水事矛盾就已经相当突出。特别是随着近年来流域经济社会的快速发展，流域水资源供需矛盾更趋凸显，

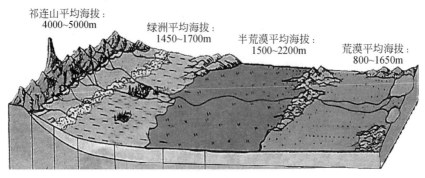

图 1-1　黑河流域示意图

资料来源: Xu 等（2014）

加上涉及的利益主体众多, 需要协调的利益错综复杂, 管理难度很大。虽然我国在 20 世纪 90 年代末和 21 世纪初, 就酝酿和设立了专门的流域管理机构行使管理职能, 但因缺少必要的法制支撑、管理手段和制度依据等, 流域管理机构在行使流域管理工作时往往阻力较大, 约束力不强。

1.1.2　黑河流域生态价值非常高

黑河流域是一个以水循环过程为纽带, 以高山冰雪冻土带、山地森林植被带、山前绿洲和荒漠为组成特征的完整复合生态系统, 又是一个山区与平原、绿洲与荒漠、地表水与地下水相互转换的独立单元（伍光和和江存远, 1998; 胡孟春等, 2002）。由于受大陆性气候和青藏高原祁连山–青海湖气候区的影响, 中下游的走廊平原及阿拉善高原分属于温带干旱亚区、荒漠干旱亚区和荒漠极端干旱亚区。作为西北地区灌溉农业开发最早的流域, 黑河是水环境急剧恶化且明显影响可持续发展的流域, 水循环过程的微小波动往往对该流域生态系统产生强烈影响。特别是近 50 年来, 随着黑河流域人类活动持续增强, 中下游地区严重荒漠化, 居延海干枯, 已经成为我国两大生态危急区之一和沙尘暴的主要策源地之一, 形成了波及中国北方地区乃至东亚地区的强大沙尘暴, 呈现出"沙漠区向农业区推进, 风蚀区向耕作区推进, 农业区向牧业区推进, 牧业区向林区推进, 雪线向主峰推进"的流域生态环境结构、生态功能变化的趋势（温娅丽, 2004）。

1.1.3 黑河流域具有十分重要的战略地位

黑河流域中游的张掖地区，地处"古丝绸之路"、今欧亚大陆桥和"丝绸之路经济带"核心通道之要地，农牧业开发历史悠久，目前仍为我国重要的商品粮生产基地和蔬菜瓜果生产基地，素有"金张掖"之美誉；下游的额济纳旗与蒙古国形成了 507km 边境线，区内尚有我国重要的国防和军事科研基地。同时黑河流域又是一个以农牧业为主的多民族聚居的流域，流域农牧业人口占 73% 以上，以汉族、蒙古族、回族、藏族、裕固族为主。

正是由于黑河流域的地形地貌复杂综合、气候条件迥异多变、景观类型涵盖全面、热点问题明确突出，同时由于流域面积幅员适中、问题典型突出又具有相对可控等特征，黑河流域整体形成了一个研究自然人文耦合系统的典型自然梯度和研究流域可持续发展和管理的良好模式流域。黑河流域水资源的保护开发利用和生态环境保护，不仅是我国西北地区乃至华北地区阻挡风沙侵袭、保护生态的重要天然屏障，也是当地人民生息繁衍、民族团结、社会安定、国防科研、边防建设和"丝绸之路经济带"核心通道建设的重要依托。

1.2 加强黑河流域立法体系建设是最严格水资源管理法规体系框架构建的理论需求

加强流域水资源统一管理是实现国家水资源统一管理的重要基础和必要前提，在加强流域统一管理的行政手段、经济手段、法律手段、工程手段和技术手段中，最为迫切且最根本的手段是法律手段。黑河流域水资源管理法规体系是由一系列与黑河水资源利用、保护、开发等相关的法律、行政法规、规章制度和规范性文件组成的。解决流域水问题不可能由一个法律包罗万象，而是需要通过法规体系建设逐步攻克的。本研究认为有必要以黑河流域水资源管理为核心和基础，不断制定、修改和完善相关制度，按照最严格水资源管理制度的要求，以全面推行河长制为契机，构建黑河流域水资源管理法规体系框架，增强黑河流域水资源法制化管理的能力建设，促进和实现黑河流域的健康持续发展。

1.2.1 加强黑河流域立法体系建设是流域用水、管水理念进一步提高的需要

流域作为解决水循环、水环境、水健康、水管理、水发展和水安全等问题的基本单元，以及流域生态系统管理作为流域管理的先进理念，已经得到学术界和众多实践管理部门的认可，黑河流域更是急需在现行流域管理机构框架中通过法制化途径有效拓展管理权限，引入流域综合生态系统管理的理念，同时兼顾全球变化的区域响应及区域经济社会的可持续发展等因素，将管理职责和权限拓展至整个流域及其生态系统，以有效维持流域功能的完整性。

1.2.2 加强黑河流域立法体系建设是我国流域统一管理体制的需要

强大的流域管理机构、适宜的流域管理体制，均离不开法律的支撑。黑河流域自然条件恶劣，水资源匮乏，又跨三个省（自治区），为了更好地贯彻实施《中华人民共和国水法》等法律法规，更好地处理与现行法律、法规，尤其是与地方性法规、政府规章和规范性文件之间的关系，亟须加强以流域为单元的水资源管理，通过流域法规体系建设，合理划分流域管理机构和相关的各级人民政府、各级水行政主管部门、各级生态环境主管部门以及派出机构和其他配合主体的管理职责和权限，在区域管理服从流域统一管理的原则下，对黑河流域水资源实行统一管理，建立高效的黑河流域水资源统一管理体制。

1.2.3 加强黑河流域立法体系建设是国内外流域管理经验证明所必需的

在详细考察和梳理国内外流域水资源法制化管理的经验之后（具体见第2章），得到重要启示，即在国家层面针对特定流域制定一部较为综合的流域基本法，以国家其他单项立法做补充，将流域立法与地方立法相结合，同时，对跨界流域和跨境流域要加强区际合作，逐步建立和完善流域法规体系框架，这是实现流域可持续管

理较为成功的经验。

1.3 加强黑河流域立法体系建设是流域管理实践的迫切需要

国家历来非常重视黑河流域的水资源保护利用和生态环境建设，党和国家领导人多次亲临黑河流域视察，国务院有关部委在组织和资金上积极协调解决。为合理利用黑河流域水资源和解决流域用水矛盾，经国务院批准，水利部分别于 1992 年和 1997 年发布了《黑河干流水量分配方案》。2000 年，黑河流域管理局作为黄河水利委员会的派出机构在兰州市正式挂牌成立，同年，国务院进一步决定实施黑河干流水量统一调度。为保障水量调度工作顺利开展，水利部于 2000 年颁布实施了《黑河干流水量调度管理暂行办法》①，黑河流域管理局也会同甘肃、内蒙古两省（自治区）水利厅，共同制定了《黑河干流省际用水水事协调规约》，初步形成了以水量调度为核心和省际用水水事协调工作的基本行为规范。2001 年，国务院批复了《黑河流域近期治理规划》（国函〔2001〕86 号），安排进行了较大规模的流域治理，旨在形成以水资源合理配置为中心的生态系统综合治理和保护体系，同时也为黑河干流水量调度提供必要的工程支撑。2009 年，水利部在系统总结经验的基础上，制定了《黑河干流水量调度管理办法》，旨在加强黑河干流水量统一调度，合理配置流域水资源，促进流域经济社会发展和生态环境改善的全面规定。2010 年，黄河水利委员会又颁布施行了《黑河取水许可管理实施细则（试行）》，旨在进一步明确流域管理机构和地方各级水行政主管部门的分级管理权限，规范和完善取水许可制度，强化黑河取水监督管理。2013 年，为缓解黑河流域灌溉用水和调水矛盾，减轻各级管理部门的协调难度，国家发展和改革委员会又批复了《黑河黄藏寺水利枢纽工程项目建议书》。

在国家的大力支持下，在流域内各省（自治区）、各有关单位的积极配合下，黄河水利委员会及其所属黑河流域管理局在缺乏控制性调蓄工程、调度手段单一的情况下，通过创新机制、精心组织、科学调度、积极协调、强化监督，逐年加大正义峡断面下泄水量，有效增加了输往黑河下游的水量，基本实现了近期治理规划确定的目标，使流域生活、生产和生态用水得到了合理配置，缓解了地区间的水事矛

---

① 《黑河干流水量调度管理暂行办法》2009 年废止。

盾，并初步遏制了黑河下游地区生态环境日趋恶化的趋势，取得了显著的生态效益、社会效益和经济效益。

但是，经过近二十多年的实践，黑河流域的水资源管理依然面临着很多问题，而且暴露出来的问题也越来越突出。如不及时加以解决，将直接影响水量统一调度和近期规划治理成果的巩固，制约流域实施真正意义上的水资源统一管理与调度，并对流域生态环境的改善、经济社会可持续发展造成严重影响。具体存在以下问题。

1.3.1 流域水资源管理机制及技术支撑手段仍然单一落后

2000 年以来，黑河干流水量调度仅仅依靠单纯的行政手段，实施"全线闭口、集中下泄"，正义峡断面下泄指标的完成和流域水资源的配置主要取决于上游天然来水过程。因缺乏骨干控制性工程，无法跨时空调节水量，无法建立完善的黑河干流水量调度管理体系。2013 年，《黑河黄藏寺水利枢纽工程项目建议书》获得国家发展和改革委员会正式批复。2015 年，国家发展和改革委员会印发了《关于黄藏寺水利枢纽工程可行性研究报告的批复》。2016 年 3 月 29 日，黑河黄藏寺水利枢纽工程正式进入开工建设阶段（岳林锟，2017）。黄藏寺水库的建设，对天然来水过程将进行有效调控，对保证正义峡断面下泄指标和科学配置并高效利用水资源具有重要意义。但根据黑河流域实际情况，要做好流域水资源规划、开发、管理和保护工作，促进水资源可持续利用，还需要进一步健全和完善流域水资源管理和水行政执法运行机制。

1.3.2 流域管理机构的法律地位不明和权限配置有限

2002 年施行的《中华人民共和国水法》虽然历经 2009 年、2016 年两次修正，但第十二条规定始终未变，即"国家对水资源实行流域管理与行政区域管理相结合的管理体制"，但如何实现这种结合并没有具体说明，也没有明确流域管理和区域管理到底以谁为主等关键问题。以往实践中，重行政区域管理、轻流域统一管理，在协调部门利益和区域利益上往往力不从心，难以保障黑河水量调度有序实施。同时，流域管理机构职责权限单一，远不能适应流域健康和可持续发展的需求。流域管理机构目前除了负责组织实施取水许可、编制流域规划、水量分配方案和年度分水计划、水政监察、纠纷协调、工程管理等职责外，主要还是围绕流域的水量调度，且集中在干流（东部子水系）。在现行相关管理规定中，也主要规范的是水量调度，而对包括水质、地下水在内的流域水资源管理、保护及生态环境建设等方面均没有涉及，造成流域水资源管理上的重大缺失。

1.3.3 相关法规单一、薄弱

流域管理中涉及大量行政许可、监督和必要的处罚行为，需要流域管理机构依法具备相应的行政执法资格和能力。但是，现有法规的规定过于原则，缺乏可操作性；对流域管理中存在的体制不顺、管理制度不完善等问题，没有可操作性的法规依据，对水量调度中存在的违规行为，没有相应的处罚依据和手段，水行政执法软弱乏力，难以保障黑河水量调度的有序实施。另外，法规对省际边（跨）界河流的水事工作程序也没有明确规定，流域管理机构实施流域管理的权限不足，致使省际河流无序开发，引起诸多水事纠纷。

1.3.4 流域法规体系尚不健全

国家层面的立法还存在一定差距，不足以支持流域的统一管理。流域层面实际工作中常用的法规制度大多是水利部的部规章和国务院、水利部及黄河水利委员会出台的规范性文件，层级相对较低，约束力也受到限制。省（自治区）的相关地方性法规、省政府规章和规范性文件大都是围绕国家立法制定的实施性立法和规范性文件，缺乏直接配套黑河流域的区域制度建设。而且，规章和规范性文件可能被定期清理而延续性不强，如一些省（自治区）实行了"日落条款"，即规定政府规章每隔 5 年需进行一次全面清理，规范性文件有效期最长不超过 5 年，标注暂行、试行的，有效期不超过 2 年。由于法规体系框架没有构建起来，同位层级的流域管理立法（甚至是低层级的）无法协调环境保护、水资源保护、水污染防治、水土保持、防洪等一系列的问题，而在部门主导立法的现实体制下，各部门都将水作为自己的立法对象，很容易造成部门利益法律化和制度化，从而引起立法与流域整体利益的冲突。

1.4 最严格水资源管理法规体系框架构建的可行性依据

1.4.1 符合国家战略布局和总体要求

1）2017 年 10 月 18 日，中国共产党第十九次全国代表大会隆重开幕。习近平代表第十八届中央委员会向大会作题为《决胜全面建成小康社会 夺取新时代中国特色社会主义伟大胜利》的报告（简称《十九大报告》），提出：必须树立和践行绿水青山就是金山银山的理念，坚持节约资源和保护环境的基本国策，像对待生命一样对待生态环境，统筹山水林田湖草系统治理，实行最严格的生态环境保护制度，形成绿色发展方式和生活方式，坚定走生产发展、生活富裕、生态良好的文明发展道路，建设美丽中国，为人民创造良好生产生活环境，为全球生态安全作出贡献；要推进资源全面节约和循环利用，实施国家节水行动，降低能耗、物耗，实现生产系统和生活系统循环链接；要加快水污染防治，实施流域环境和近岸海域综合治理；要完善以宪法为核心的中国特色社会主义法律体系；推进科学立法、民主立法、依法立法，以良法促进发展、保障善治。

2）2015 年，《中共中央关于制定国民经济和社会发展第十三个五年规划的建议》提出：必须坚持节约资源和保护环境的基本国策，坚持可持续发展；要实行最严格的水资源管理制度，以水定产、以水定城，建设节水型社会；要加强水生态保护，系统整治江河流域，强化江河源头和水源涵养区生态保护。

1.4.2 符合落实最严格水资源管理制度的要求

（1）最严格水资源管理制度的提出

2009 年 1 月，全国水利工作会议提出要实行最严格水资源管理制度，这是我国政府层面首次公开明确地提出这一管理制度。紧接着 2 月召开的全国水资源工作会议进一步提出落实最严格水资源管理的"三条红线"，首次公开明确阐述其具体内容为水资源开发利用控制红线、用水效率控制红线和水功能区限制纳污红线。

（2）最严格水资源管理制度的发展

2011 年，中央一号文件明确提出了实行最严格水资源管理制度，划定了用水总量、用水效率和水功能区限制纳污"三条红线",使水资源要素在我国经济布局、产业发展、结构调整中成为重要的约束性、控制性和先导性指标。2012 年,《国务院关于实行最严格水资源管理制度的意见》(国发〔2012〕3 号)指出:严格控制流域和区域取用水总量;区域水资源调度应当服从流域水资源统一调度,水力发电、供水、航运等调度应当服从流域水资源统一调度;水资源调度方案、应急调度预案和调度计划一经批准,有关地方人民政府和部门等必须服从;健全水资源监控体系;进一步完善流域管理与行政区域管理相结合的水资源管理体制,切实加强流域水资源的统一规划、统一管理和统一调度。最严格水资源管理制度是我国政府针对我国国情、水情所提出的一项全新的水资源管理制度(左其亭,2016)。

(3) 最严格水资源管理制度的考核

2013 年 1 月 2 日,国务院办公厅发布《实行最严格水资源管理制度考核办法》。2014 年 1 月,水利部等十部门联合印发了《实行最严格水资源管理制度考核工作实施方案》,为考核工作提供了实施依据。2016 年 12 月 27 日,水利部等九部门联合印发了《"十三五"实行最严格水资源管理制度考核工作实施方案》,适用于国务院对全国 31 个省级行政区"十三五"期间落实最严格水资源管理制度的情况进行考核。

1.4.3 全面推行河长制为之提供了宝贵契机

2016 年 12 月 11 日,中共中央办公厅、国务院办公厅印发了《关于全面推行河长制的意见》,指出:全面推行河长制是落实绿色发展理念、推进生态文明建设的内在要求,是解决我国复杂水问题、维护河湖健康生命的有效举措,是完善水治理体系、保障国家水安全的制度创新;在全国江河湖泊全面推行河长制,构建责任明确、协调有序、监管严格、保护有力的河湖管理保护机制,为维护河湖健康生命、实现河湖功能永续利用提供制度保障。2018 年 3 月 9 日,水利部部长陈雷在人民大会堂"部长通道"上透露,目前全面推行河长制取得明显进展:全国已有 25 个省份建立了河长制,明确了省、市、县、乡四级河长 32 万名,其中省级河长 336 名,还有 55 人兼任总河长,另有 2180 个湖泊建立了湖长制。通过各级河长带头巡河开展专项行动,整治突出问题、健全管理机制,全社会关爱河湖的局面基本形成,河湖的面貌发生了很大改变。下一步将继续加大力度,统筹推进河水制和湖长制,确保 2018 年 6 月底全面建立河长制,年底前全部建立湖长制(董瑞强,2018)。

1.4.4 区域响应

2017 年为贯彻落实中共中央办公厅、国务院办公厅印发的《关于全面推行河长制的意见》，强化河湖管理保护，维护河湖健康生命，助推国家生态安全屏障建设，结合实际，甘肃省委、省政府制定了《甘肃省全面推行河长制工作方案》，提出包括黑河在内的九条河流分别由省委、省政府负责同志任河长，强化部门联动，规定"河湖管理保护工作要与流域规划相协调，流域管理机构、区域环境保护督查机构要充分发挥协调、指导、监督、监测等作用。"之后，按照要求，甘肃省向社会公告河长名单，其中黑河由甘肃省委副书记担任省级河长，涉及张掖市和酒泉市。内蒙古自治区为了进一步加强全区河湖管理保护工作，落实地方属地主体责任，建立健全河湖管理保护长效体制机制，于 2017 年制定了《内蒙古自治区全面推行河长制工作方案》，提出包括黑河（含居延海）在内的五条河流分别设立自治区级河长，由自治区省级领导同志担任。其中，黑河内蒙古段（含居延海）河长由负责环境保护工作的自治区副主席担任。规定"水利部派驻的相关流域管理机构负责依法履行河湖管理保护的相关职责。"青海省为加强河湖管理保护，落实属地主体责任，健全长效管护机制，筑牢生态安全屏障，于 2017 年制定了《青海省全面推行河长制工作方案》，规定省内包括黑河在内的"十二河三湖"等重要河湖设立省级责任河长，分别由常务副省长，分管水利、环保工作的副省长担任。明确了省级河长制责任单位包括黄河水利委员会黑河流域管理局，并规定黄河水利委员会黑河流域管理局负责黑河流域的统一管理和保护工作。

2014 年 1 月，经国务院同意，国家发展和改革委员会正式印发《甘肃省加快转型发展建设国家生态安全屏障综合试验区总体方案》，该方案提出：实施祁连山生态保护与三大流域生态综合治理，加强北部防风固沙林体系建设。实施黑河流域综合治理，加强水资源统一管理和调度。继续推进主要河流水量分配及初始水权确认工作，建立全省用水总量控制管理制度，明确水资源管理控制指标，实施并完善动态取水许可管理制度，严格执行规划和建设项目水资源论证。积极探索黑河流域区域间的补偿机制，引导超载人口有序转移，增强水源涵养生态功能。

总之，流域水资源统一管理是实现国家水资源统一管理和可持续利用的重要基础和必要前提，对黑河流域最严格水资源管理法规体系进行完善十分必要。

第 2 章 | 国外流域水资源法制化管理的经验与启示

工业革命给发达国家带来巨大经济收益和社会进步的同时，也带来难以回避的生态环境问题，在多次承受巨大的损失和惨痛的教训后，也相应地取得一些成功的经验。目前，很多发达国家在流域水资源管理及其立法方面已趋于成熟和稳定，对这些成功案例的经验得失进行重新认识和梳理，可以帮助我们少走弯路，最大限度地减少损失，更重要的是可以帮助我们避免出现一些不可逆转和不可承受的失误。

2.1 英 国

2.1.1 分散管理

在英国，按产业经营方式经营水资源的做法，被称为水业，作为公用事业对待（阮本清等，2001）。1930 年的《土地排水法》正式确认了 214 个分布各地的内部排水委员会和 49 个集水区委员会的合法存在，从而确立了分散型的水业监管体制（唐娟，2004）。1930 年建立了流域委员会，1948 年改为了河流委员会。1963 年，英国水务管理体制再次进行了重大调整，河流委员会的职能被 29 个河流管理局和 157 个地方管理局取代，同时成立了国家水理事会，作为当时英国政府水务方面的最高咨询机构，指导协助水务工作（姚勤华等，2006）。总的来说，直到 1973 年以前，英国水资源分散管理的特征仍十分明显。

2.1.2 流域统一管理

1973 年通过的英国《水法》以江河流域为基础，在英格兰和威尔士成立了 10

家地区水务局取代河流管理局，这标志着分散型管理体制的结束，开始实行流域统一管理。地区水务局的职责范围包括供水、污水处理、污染防治、环境保护、节约用水和开发水源、水上娱乐等。地区水务局提供的用水量占英格兰和威尔士总用水量的 75%，而且所有的污水处理由它们负担（唐娟，2004）。

2.1.3　流域统一管理和水务私有化相结合

1989 年修订了英国《水法》，标志着水务国有化管理向私营化服务的转变。政府向 10 家地区水务局和其他 29 家私营水公司颁发经营许可证，水务局改称为供水与污水处理公司，对供水业务和污水处理业务实行一体化经营，而私营水公司则只负责供水。到 2000 年时，英格兰和威尔士共有 29 家水务公司，这些水务公司在政府的监督指导下，在获得水权的基础上，把水作为资产，进行一体化经营和管理，提供水商品服务，自主经营、自负盈亏，并且通过金融和资本市场融资获得自身发展（唐娟，2004）。在英国的水务局私有化的同时，英国政府加强了环境署对流域水质污染情况的监督管理，并设立水务署负责用户投诉，对水务公司的财务运作及执行服务标准情况进行监控（黄德春等，2009）。

2.1.4　法制化建设

英国是最早制定水法的国家。1848 年，英国颁布了《公共健康法》，城市供水系统迅速发展起来。第二次世界大战后，英国关于水的法律和法规进入了全面建设时期，颁布了一系列与水资源管理有关的法令，如《河流洁净法》（1960 年）、《土地排水法》（1961 年）、《河流防止污染法》（1961 年）、《水资源法》（1963 年）、《污染控制法》（1974 年）等（姚勤华等，2006）。1991 年以后，英国国会颁布了 8 部有关水行业管理的法律，确立了 20 世纪 90 年代以来中央政府对整个水行业统一进行宏观调控的新框架。新的监管体系通过设置以下重要的利益相关主体来实现对水行业的管理（唐娟，2004）。

1）环境国务大臣和威尔士事务大臣。其在水务监管方面的主要责任包括：任命水服务办公室、水务公司及环境署负责人；制定和修订水行业管理的法律框架；提出河流水质分类标准和预防污染的要求；批准和审定各类实施细则；对供水及排污服务机构履行法定职责进行监督和指导；等等。

2）中央政府中的两个部门，即环境、运输和地区事务特别委员会和环境、粮食和乡村事务部。环境、运输和地区事务特别委员会的主要责任包括：制定全国水政策、有关水的法律法规，保护和改善水资源，最终裁定有关水事矛盾；监督取水许可证制度的执行，并邀请全国与水行业有关的经济、社会和政府组织的代表共同审查取水许可证制度、水费水平；等等。环境、粮食和乡村事务部在涉水方面的主要责任包括：代表英国在欧盟水政策制定和实施的安排上进行谈判，建立法律机制，执行包括《水框架指令》在内的欧盟水政策；制定并实施国内相关水政策法律；对水务监督管理机构进行宏观管理，负责制定监督管理机构的改革计划，并对改革效果进行评估，适时调整改革方案（可持续流域管理政策框架研究课题组，2011）。

3）独立的监管机构。主要有：饮用水监察署、水服务办公室、消费者服务委员会、垄断和兼并委员会、环境署。上述机构都是政府管理水行业方面的重要执行机构，对包括水权分配、水价、水质安全、水服务质量及普遍服务等内容实施全面的监察监管。

2.1.5　流域管理

英国政府十分重视流域管理，依据英国《水法》和《流域管理条例》设立流域管理机构——泰晤士河水管理局，是规模最大、职能最全的流域管理机构，该管理局统一负责流域管理和水资源管理，包括水文站网业务、水情监测和预报、工业和城市供水、下水道和污水处理、水质控制、农田排水、防洪、水产养殖和水上旅游等。水管理局的财政收入主要来自供水收费和排污收费，此外，水管局也有一些诸如农田排水、环境服务、旅游业等综合经营收入等。由于经济独立，水管理局有较大自主权，在执行管理水资源职责时不受地方当局的干涉。英国的河流水管理局属于较纯粹的水资源管理机构，对地方政府的分权程度较低，与地方当局的矛盾也就不突出，这是该种水资源管理模式得以推广的原因（徐荟华和夏鹏飞，2006；席西民等，2009）。目前，欧洲许多国家都采用这种综合性的流域管理方式，在水污染受到普遍关注的今天，这类流域管理机构还将得到更广泛的采用（席西民等，2009）。

案例一：迪河流域良好的合作机制

迪河流域区是英格兰和威尔士11个流域区中的一个，地跨威尔士东北部及英格兰柴郡、什罗普郡以及威勒尔，面积为2251km²。迪河流域管理强调综合治理及与利益相关方的合作。主体分工明确、合作机制良好是管理体制的特色。环境署、水务公司、水质分析专业实验室在管理体系中发挥了关键作用。环境署主要负责水库调度，负责污染原因调查，采取执法诉讼行动等；水务公司负责水库维护，从河道取水、供水和水污染处理，提供专业的分析实验设备，在污染事件监测中提供援助；水质分析专业实验室受环境署委托，对河流水质进行监测、化验，监测结果向环境署及水务公司报告。除了明确的职责分工外，环境署、水务公司、水质分析专业实验室在水质监测、信息共享等方面还建立了良好的水质保护合作机制（可持续流域管理政策框架研究课题组，2011）。

案例二：泰晤士河的污染治理

泰晤士河位于英国伦敦南部。自19世纪工业革命开始，泰晤士河水质迅速恶化，成为世界上污染最早、危害最严重的城市河流之一。治理采取的主要措施有：①成立了治理专门委员会和泰晤士河水务局（公司），对泰晤士河流域进行统一规划与管理，提出水污染控制政策法令、标准。②有充分的治理资金保障。泰晤士河100多年的治理费用高达300多亿英镑。在近10年就投资65亿美元用于供水和污水处理。③高度重视科学技术的作用。特别是泰晤士河的第二次治理，是在有关科学研究的指导下进行的。科学研究帮助水务局制定合理的、符合生态原理的治理目标，根据水环境容量分配排放指标，及时跟踪监测水质变化。经过100多年的综合治理，泰晤士河已成为国际上治理效果最显著的河流，也是世界上最干净的河系之一（郭焕庭，2001）。

2.2 美　　国

2.2.1　水资源管理政策的演变

对水资源管理是流域管理的重点，美国水资源管理政策的变化就其目标和途径可以划分为以下五个阶段（贺缠生和傅伯杰，1998）。

（1）开发期（1776～1933年）

在美国建国初期，开发水资源、发展工农业及航运业、壮大国防、保证国家统一成为联邦政府流域管理的主要任务。此阶段的大型水利工程基本上由联邦政府统一规划和筹资兴建，虽然提出了流域多目标统筹发展的概念，但在水利工程的实施过程中，并未受到重视和利用。这一时期的代表性法案有1902年的《开垦法案》、1920年以开发为主的《联邦电力法案》等（郑雅方，2017）。

（2）新纪元期（1933～1943年）

此阶段美国刚经过经济大衰退，正在逐渐恢复，联邦政府强调开拓就业机会，推进经济发展，著名的田纳西流域工程开始兴建。此阶段水资源管理改革的一个特点是所有投资兴建的工程项目都必须进行经济可行性评价，只有工程效益高于成本时，才能得到联邦政府的批准。联邦政府对水利工程的投资政策也发生了变化，不是一概由联邦政府投资，而是所有工程受益者应负担适量的工程费用，同时，鼓励地方政府参与水利工程建设。

（3）稳定控制期（1943～1960年）

此阶段强调水利工程的经济效益和资源保护。出台政策以控制盲目上马的水利工程，减少联邦政府不必要的工程投资。出台法律以预防和控制水利工程对资源环境的影响。田纳西流域管理局也在此阶段开始与地方政府合作，参与土地规划和防洪项目。

（4）环境保护期（1960～1980年）

此阶段环境保护运动发展迅速。1961～1965年国会立法责成水利部门考虑水质及城市和工业废水处理，鱼类、野生动物保护等方面。1966年将水资源质量管理列入白宫议事日程。1969年美国批准成立国家环境保护局。1972年，联邦政府修订了1948年的水资源污染控制法，推出清洁水保护法。此阶段还有许多大型水利工程因遭受强烈反对而搁浅。

（5）流域综合管理阶段（1980 年至今）

此阶段联邦政府控制兴建新的水利工程，重视管理现有的水利工程。强调联邦政府和地方政府的协作，开展流域范围内资源和环境的综合管理，水资源管理权限移交州政府，生态用水需求得到保护。随着地方协作化模式的普遍运用，流域综合治理在美国被广泛接受，学者开始进一步关注通过立法巩固和完善流域治理。不仅如此，以国家环境保护局为代表的联邦机构也为流域综合治理的广泛接受与有效实施做出诸多努力（郑雅方，2017）。美国国家环境保护局从 20 世纪 90 年代起逐渐将流域管理方法运用到水环境管理的各项政策中，并制定和推进实施了《流域保护方法框架》，以集中各利益相关者的力量，整合和改进已有水环境管理项目（李瑞娟和徐欣，2016）。由于水资源的重要性，水资源冲突成为各州所关注的问题之一，美国地质调查局于 2002 年发布了《关于水资源可用性与用途全国性评估的意见》，就全国性评估工作的大致框架做了概述。2007 年发布了"直面明日挑战"的十年科学战略（2007～2017 年），将美国水资源普查作为美国六大战略性科学方向之一（张岚，2010）。美国的水资源管理正在朝恢复生态环境的方向发展（刘春生等，2011）。

2.2.2　法制化管理

美国各州和地区制定了各自的计划来规范水的利用，这些计划的原则、目标和程序实质上有所不同，使水的利用更具挑战性（林亮，2005）。

（1）州计划

许多州已经采用法规形式授权法规制定者注册和评估新的水用户。尽管各管区的目的不同，但是许多计划都应用于表面水和地下水，并承认这两个系统有潜在的关联性。大多数州的主管部门还申报干旱的紧急情况并采取各种措施。具体情况如下。

1）密西西比州制定了"水有效利用"许可计划以保证水的利用带来最大的社会利益；保护江河水以防止污染；饮用水的使用应具有最高的优先权。

2）根据马萨诸塞州的水管理条例规定，任何新的地表水和地下水的退回每天超过 100 000gal① 时应进行综合性评估和许可，以减少二次环境影响；代替物应充

---

①　1gal = 3.785 41L。

分被开发；利益相关方在这个过程中发表意见。

3）宾夕法尼亚州的计划吸收了密西西比州和马萨诸塞州采用的方法要素，建立了水利用准许极限，将公众给水作为优先条件，但低流极限基于保护鲑鱼生存的数量。

（2）其他法规基础

1）联邦计划。几个联邦法规允许直接监督水资源的发展，或通过具有这种能力的代理处提供有意义的咨询。例如，《危险种类条例》允许美国鱼类和野生动物组织对有威胁的与危害的活动进行评估和提供建议。

2）联邦能源法规委员会。联邦能源法规委员会有权为水力发电的水坝操作者制定法规，以及有权撤退上流的水——因而可能减少发电能力。该委员会要求水力发电项目保持娱乐活动的游泳高度，或对下流居住地传递最小的释放。

2.2.3　流域管理

美国的流域管理范围，从空间维度上涵盖了各类水体；从性质上综合评价了水体物理、化学、生物等各方面的要素；从功能上充分强调了饮用、工业、农业、景观、防洪、航运等多个方面作用（贾颖娜等，2016）。具有代表性的是 1933 年美国国会通过的《田纳西河流域管理局法》，依据该法成立了世界上最早的流域管理机构——田纳西河流域管理局（Tennessee Valley Authority，TVA），它是一个具有联邦政府机构权力的经营实体，负责整个流域的全部资源的综合规划、开发、利用和保护，是流域管理的一个独特和成功的范例。其做法如下（田杰等，2013）。

1）良好的运营机制。其经营上的良性循环主要依靠政府扶持、开发电力等盈利项目及发行债券来实现。田纳西河流域管理局的实力雄厚，投资环境好，比较容易吸收区域外的资金，从而加速了本地区的开发和繁荣（肖文燕，2010）。

2）灵活有力的管理体制。田纳西河流域管理局的管理由具有政府权力的机构——田纳西河流域管理局董事会和具有咨询性质的机构—地区资源管理理事会来实施。董事会由三个成员组成，行使田纳西河流域管理局的一切权力。成员由总统提名，经国会通过后任命，直接向总统和国会负责；田纳西河流域管理局的内设机构由董事会自主设置，可以根据业务需要进行调整。地区资源管理理事会是根据《田纳西河流域管理局法》和《联邦咨询委员会法》建立的，其成员的构成具有较广泛的代表性，目的是促进流域内地区的公众积极参与流域管理（张艳芳和石琰子，2011）。

3）流域自然资源的统一管理。在对水资源综合开发管理的同时，对森林资源、野生生物和鱼类资源等也开展保护工作，实现流域内社会、经济和生态的协调发展。

4）田纳西河流域管理局与地方关系和谐。田纳西河流域管理局负责骨干项目，地方政府配合实施；田纳西河流域管理局对由地方负责的地方政府自身发展规划的实施给予指导、资助或支持。因此，流域管理机构和区域关系处理得比较好（肖文燕，2010）。但随着时间的推移，当各州的经济发展起来后，再设立田纳西河流域管理局这样的典型，地方政府就很难接受了。

5）统一管理的法律保证。田纳西河流域地跨美国的 7 个州，要对流域进行统一的开发管理，《田纳西河流域管理局法》的颁布施行很关键。它对田纳西河流域管理局的职能、任务和权力做了明确的规定，很好地解决了跨区域管理的问题。尽管该法历经变迁，但修订一直围绕田纳西河流域管理局的机构目标与人员构成进行。正由于该法对田纳西河流域管理局授权给予了空间，使得田纳西河流域管理局可以自由改变机构目标以适应不断变换的社会与环境需求（郑雅方，2017）。

案例三：特拉华河流域的水量分配

特拉华河是美国密西西比河以东最长的主干流无坝河流，流域通过水量分配解决州际用水冲突，保障流域用水需求。流域水量分配总体可分为 3 个阶段。第 1 阶段，1954 年最高法院法令颁布。美国最高法院 1954 年法令完成特拉华河流域水资源初始分配，纽约市可从上游三大水库调水 303 万 m^3/d，并设定下游新泽西州蒙塔古控制断面最小流量目标 $50m^3/s$。第 2 阶段，1983 年诚信协议签订。特拉华河流域 1961~1967 年的干旱记录表明，纽约市从上游三大水库调水 303 万 m^3/d 后，无法满足下游蒙塔古最小流量目标。1983 年，4 个流域和纽约市经过谈判签订"诚信协议"，确定上游三大水库为保护下游鱼类的保护性下泄水量。第 3 阶段，2007 年灵活流量管理计划制定。2004 年 9 月~2006 年 6 月特拉华河干流发生 3 场严重洪水，流域面临供水水库用于提高防洪减灾能力的问题。2007 年 9 月 4 个流域州和纽约市制定《灵活流量管理计划》，平衡上游三大水库多重的、有时竞争的用途（姜传隆，2017）。

案例四：科罗拉多河的水权配置与交易

20 世纪后期，科罗拉多河的并不富裕的水资源相对于快速发展的下游城市建设来讲，供需矛盾十分突出，这就要求水资源的分配跨越州际协议的原始框架，在各州、各部门之间实现合理流转。在南加利福尼亚州，帝国灌溉区水权相对富足，因而与洛杉矶、圣地亚哥分别签订协定，在不影响帝国灌溉区的前提下，后者可以按规定从科罗拉多河调水并给前者资金上的补偿，下游城市用水紧张得以缓解，加利福尼亚州内部水资源得到了有效的配置（贾颖娜等，2016）。

2.3 澳 大 利 亚

2.3.1 水资源管理体制

澳大利亚水资源管理起步较早。早在 1912 年，新南威尔士等州就颁布了水法，1918 年就实行了取水许可制度（贾祥明和贺红斌，2004）。20 世纪 80 年代后期，澳大利亚推行流域整体管理模式，国家水资源理事会是澳大利亚水资源方面的最高组织，由联邦、州和北部地区的地方部长组成，联邦国家开发部长任主席，下设若干专业委员会（杨志峰等，2003）。澳大利亚的水管理体制大体上分为联邦、州和地方三级，但基本上以州为主。在联邦政府，水管理职能属于农林渔业部和环境部，各州负责自然资源的管理。州政府以下，各地设水管理局（李代鑫和叶寿仁，2001）。各州有自己的水法及成立了相应的管理机构，尽管机构名称不尽相同，但基本职责都是依据水法，负责水资源的评价、规划、分配、监督和开发利用，建设州内所有与水有关的工程（焦爱华和杨高升，2002）。

2.3.2 加强水利工程管理

近年来，澳大利亚政府在加强水利工程管理方面进行了许多探索。在灌溉工程管理上，已经由政府管理转变为私人企业管理，并采取了必要的措施使工程实现良性运行。2000 年以前，州政府鼓励原来负责灌溉工程管理的公务人员分离出来，管理运营水利工程企业。同时，政府会在 15 年内给予一定的政策扶持。政府根据水利工程运营状况，给予持续的财政补贴，以用于运行、维护、管理和环保。总的目标是，通过 15 年的努力，使工程具备独立生存的能力（焦爱华和杨高升，2002）。

> **案例五：澳大利亚雪山工程的取水许可管理**
>
> 对于各用水户，无论是从河道取水，还是从渠道取水，均实行严格的取水许可证制度。规定了用户年取水总量、取水设备的能力及供水保证程度。供水保证程度分为多个级别，取低级保证度的用水户的取水完全受调度中心的控制，一般只有当较高级别的用水户得以满足，且保证河道最低流量的前提下才向其供水，而取高级保证度的用水户在其水量配额与取水设备的能力范围内，可以根据需要自由取水。最低保证度与最高保证度的供水水价相差40 倍。管理机构直接对各用水户的取水进行计量、收费（赵根兴，2008）。

2.3.3 经济手段的应用

（1）水权交易

澳大利亚水的使用权原来为无偿提供。随着经济发展用水量增加，水资源供需矛盾十分突出。20 世纪 80 年代以后，政府推行水改革（焦爱华和杨高升，2002）。用水权转让从 1983 年开始，目前已在各州逐步推行，交易额越来越大，有关的管理制度也在不断完善，水交易市场已基本形成。转让用水权、开放水市场是澳大利亚水管理改革的一项重要措施。转让价格由市场决定，政府不干预。用水权转让发生在农户之间、农户与供水管理机构之间（李代鑫和叶寿仁，2001）。

（2）水价的调整

20 世纪 90 年代以来，澳大利亚对水价制度进行了较大的改革，1996 年制定的《水工业战略性改革框架》，把水价作为首要问题，明确城市供水除回收成本外还要收取利润，农业供水要收回成本（李代鑫和叶寿仁，2001）。澳大利亚的水价由各州政府决定，包括三个层次，即工业用水，完全按照市场运作；城市居民用水，综合成本价和供水公司的利润，正在逐渐向市场运作靠拢；农牧业用水水价，政府一直采用倾斜政策，其水价主要是供水公司的成本价（陕西省九大灌区改造项目办公室考察组，2001）。改革水价，促进节水，制定全成本水价，确保水的分配和收费结构能够对提高用水效率产生激励作用（邹玮，2013）。

2.3.4 法制化管理（Hannam，2006）

（1）最高法律的保障

《澳大利亚宪法》赋予了国家政府通过立法管理环境的权力。其中最重要的立法权力之一是利用资金的权力。国家政府利用资金向各州提供资助和相关拨款。

（2）完善的流域管理体制

1993 年的《墨累-达令河流域法案》和 1998 年的《墨累-达令河流域协定》确立了墨累-达令河流域的管理体制。墨累-达令河流域部长理事会是国家政府与州政府之间的行政管理机构，是流域的决策机构；墨累-达令河流域委员会是理事会的执行和运作机构，负责全面管理流域系统，并向理事会通报在流域内发现的相关问题，提出并协调各级政府部门实施流域资源可持续利用的各项措施；墨累-达令河流域社区顾问委员会是流域委员会任命的社区顾问团体，负责向理事会提出合理化建议，向社区提供技术信息。

（3）资金保障

1991 年的《自然资源管理（资金援助）法案》规定了澳大利亚自然资源管理的资金使用和行政管理，为流域提供了有力的资金保证。1997 年的《澳大利亚自然遗产信托法案》建立了澳大利亚自然遗产信托基金，以支持保护、维修和更新澳大利亚的自然资源基础设施工作，特别是墨累-达令河流域。

（4）制定标准，引导市场行为

国家环境保护委员会为空气、水、土壤、噪声污染确定了国家环保标准，并确保国家和州级政府的重大商业决策与市场条件和环保计划相一致。

（5）确保公众参与

澳大利亚是一个水资源极其稀缺的国家，加上经济发展带来水环境问题的加剧，引发了联邦政府以及民众对于水政策改革的强烈的节水意愿（邹玮，2013）。《墨累-达令河流域法案》规定了严格的咨询程序，确保管理者和收益群体有参与环境决策程序的平等机会。1999 年的《环境与生物多样性保护法案》建立了环境影响评估体系，制定了许多能使公众正式参与制定环境决策活动的机制。公众参与是流域规划编制过程中的重要内容，也是保障社会公平性的基本形式。通过规定公众参与的程序机制，保证公众的知情权和参与流域事务决策的权利，鼓励公众参与流域规划的编制过程（和夏冰和殷培红，2017）。

（6）流域立法体系比较完善

1994 年的《国家环境保护委员会法案》通过给国家和州级政府规定环境责任，赋予了《政府间环境协议》法律效力。如前文所述，我们能够看到墨累–达令河流域的立法体系得到了国家层面的支持。不仅如此，流域立法与州立法也紧密结合。1993 年的《墨累–达令河流域法案》是针对流域的专门立法，它规定了联邦政府、新南威尔士州、维多利亚州和南澳大利亚州达成有关利用与保护墨累–达令河流域水、土地和其他环境资源的协议。《澳大利亚宪法》限制了联邦政府以国家利益为主制定环境保护法的权力，所以州政府在保护和管理环境中的责任更大。各州有自己的立法体系以加强州内资源管理的机构合作和协调机制，如新南威尔士州于 2003 年制定了《流域管理机构法案》，昆士兰州的 19 项州议会法案间接影响墨累–达令河流域管理工作等。

2.4　欧盟《水框架指令》

《水框架指令》是欧盟经过多年的讨论和协调，审议整合许多零散的水资源管理法规，在此基础上制定的统一的水资源管理法律文件。从 2000 年 10 月颁布至今，《水框架指令》在鼓励成员国实施流域综合管理模式和协调各国的努力方面取得了显著成效，对我国践行可持续发展的治水思路，实施流域综合管理，健全水管理法律和制度体系有很大的借鉴意义。

2.4.1　主要内容

《水框架指令》内容丰富，要求全面，是欧盟颁布的最重要的法规之一。《水框架指令》的总体目标是减少污染，防治水生态系统状况恶化并改善其状况；促进水资源的可持续利用；减少有害物质造成的污染；逐步减少地下水污染；减少洪灾与旱灾的影响。指令共有 26 条和 11 个附件（马丁·格里菲斯，2008）。每一条都规定得非常详细，11 个附件与正文一样具有法律效力，指令中许多具体要求都通过附件详细表述出来。《水框架指令》的题目非常广泛，包括目的、定义、流域内部的行政合作与协调、流域管理规划、公众参与和咨询、指令中的技术更新、委员要求、罚则；执行、附则等（石秋池，2005）。

2.4.2　关键原则

《水框架指令》经过了多个工作组的讨论、多方协商和欧盟委员会几次正式的会议，总结出若干关键原则（马丁·格里菲斯，2008）。

1）基于结果的管理。环境结果指过程的整体结果。《水框架指令》的设计是为了将指令的执行移交给成员国，帮助成员国以最经济有效的方式实现结果，同时符合公众要求。

2）综合方法——环境标准、排放控制及阻止恶化。《水框架指令》规定各流域主管机构必须据此三项原则制定综合的水体改善方案。环境标准这一原则要求受纳水体的生态体系和它对人类用水安全标准必须严格遵守指令标准，且必须严格执行监测和排污许可制度；排放控制这一原则要求必须制定工业（综合污染防控指令）和城市污水处理厂（城市污水处理指令）的排放标准，该标准同时作为对大气、水体和土地的环境许可标准；阻止恶化这一原则要求受纳水体水质必须得到维持式改善（安德森和格林菲斯，2009）。

3）风险评估——评估主要影响。在《水框架指令》要求下所采取的行动基于对流域的压力与影响所进行的结构化风险评估。如果肯定或者可能无法在 2015 年实现目标，就需要采取行动。如果目标已经实现，且不存在目标无法实现的未来风险，除了对风险的背景变化进行监测外，无须采取任何行动。

4）预警方法——对未知风险保持谨慎。基于预警原则谨慎合理地利用自然资源，采取预防性行动原则，对破坏环境的行为要从源头上予以纠正的原则和谁污染谁付费的原则。例如，《水框架指令》提出一种基于多种生物标志物研究的生态效应评价与生物预警体系，用以快速评价突发性污染事件的生态环境质量（薛婕和罗宏，2009）。

5）转换为成员国法律。《水框架指令》规定了成员国采纳指令的时间表。这样就可以保证成员国具有清楚的司法权，且建立了实现目标的框架。每个成员国可以采取不同的机制以实现共同目标。例如，规定成员国要在 2003 年 12 月 22 日前将指令的要求转化为国内的相关法律并将情况通报给欧盟委员会，对于未按期完成的国家，欧盟委员会会正式通知这些国家，如果没有正当的理由，欧盟委员会有权提起诉讼，将其上诉至欧洲法院（谭伟，2010）。

6）指定有能力的主管机构。欧盟要求由有能力的主管机构负责执行《水框架指令》，这样可以保证指令的有效实施和强有力的问责。主管机构由成员国指定，并向其所在国的部长负责。

7）流域区的确定。《水框架指令》要求成员国在其境内确定独立的流域，把它们与邻近的沿海水域一起作为独立的流域区。作为水资源综合管理的重要组成单元之一，流域区必须进行相应的行政安排，从而可以跨越政治边界进行河流的管理。如果河流跨越成员国的边界或非欧盟国家的边界，则需要制定特殊规定来优化管理。

8）6 年规划周期与明确的时间表。水资源战略规划是一个长期过程，但是这些规划需要约 6 年的实施和审查周期，以便取得进展并推动改进。将规划周期与明确的时间表相结合，各相关主体就可以了解正在做哪些事情及什么时间做。

9）环境保护的综合方法。综合是《水框架指令》中的一个重要概念。理想的情况是一家机构（通常是主管机构）集中多学科的专长，如果不能做到，则需要建立密切的部门间合作关系以保证规划和实施的协调。

10）简化——审议现有法规。许多国家简化规定以减轻工业的负担，注重结果而非过程。《水框架指令》提供了一个独特的机会来简化并废除那些过期的、可以被取代的指令。

2.4.3　成功经验

自《水框架指令》启动以来，尽管欧盟各国在水资源管理和保护领域面临着巨大的困难和挑战，但由于各国积极地采取应对措施和实施方案，严格监督，有效落实，取得了相应的成就并积累了许多可供借鉴的经验（石秋池，2005；董哲仁，2009；安德森和格林菲斯，2009；谭伟，2010；王燕和施维蓉，2010）。

1）审慎推动制定工作。在《水框架指令》的制定过程中，政府、各行业、非政府机构及公众代表参加讨论，并且将各方意见纳入最终的法律文件。经过 10 年的谈判，欧洲理事会和欧盟议会最终于 2000 年 10 月 23 日签署《水框架指令》。只要有解决问题的决心和意志，就可以通过多方合作缓解并解决问题。通过多方合作制定，能够反映并均衡各方的利益，为指令的顺利执行奠定良好的基础。

2）有重点、分阶段地落实。考虑到各成员国履行指令的能力参差不齐，欧盟有重点分阶段地推动指令落实，并规定了不同阶段任务完成的期限。例如，通过《水框架指令》提供了一个详细的 15 年计划表，以便各国依据各自的情况有足够的时间开展工作。但是为了向成员国施加一定压力，防止成员国拖延执行，欧盟规定了不同阶段任务完成的期限。

3）基础性立法，且扩大规范范围。欧盟国家于 2000 年 12 月实施了《水框架指令》，这标志着欧盟各国从此有了一个统一的水资源管理法律文件。在指令颁布实施之前，欧盟已有许多涉及水保护和污染控制的单一方面的指令，而《水框架指令》作为一个基础性法律来起草，将水体作为一个完整的目标对象，扩大了水保护范围，特别是首次涉及水量问题，且将水域保护与污染控制紧密结合。

4）以流域为单元进行综合管理。《水框架指令》规定河流从源头到入海口是一个整体流域系统，局部河段与整个流域是紧密相关的，从而将河流和湖泊系统作为一个整体进行管理，建立综合的监测和管理系统。根据成员国国土区域，将流域划分为国内流域和国际流域，每个流域地区设置专门的管理机构，负责建立河流流域管理计划及有关条款的实施，并每 6 年将这一计划更新一次。

5）综合运用法律、经济、科研手段。围绕《水框架指令》，欧盟还制定颁布了一系列配套法律、政策，以提高指令的可行性。《水框架指令》是第一个将经济原则和工具纳入其中的水法指令。在指令实施过程中，欧盟及其成员国越来越多地运用水权及水权交易、取水费（税）、价格和税收等经济手段，并广泛运用于水污染控制、生活用水供给、工业用水供给、农业用水等。此外，欧盟发现许多与《水框架指令》相关的研究都是首次，没有现成的方法可以利用，所掌握的技术和资料还比较匮乏，因此必须在技术层面上解决基础性问题。为此，欧盟充分利用成员国强大的教育和科研能力，通过资金、人员、政策等支持，加快相关领域的研究。同时对于各成员国流域管理的研究进行组织、协调，避免重复和相互冲突矛盾，以提高效率。

6）渗透公众参与。公众参与在实施《水框架指令》当中扮演着重要角色，指令对流域管理的公众参与问题做了明确的规定，指出公众参与是让公民影响规划结果和工作过程，如指令规定需要收集整理公众意见并认真对待，要给公众提供相关的背景信息，为了实现《水框架指令》目标，可以采取法律尚未规定的其他公众参与形式等。公众参与可以使决策是基于知识和经验共享且更为科学，从而改进决策过程；也可以使受影响人群的观点和经验在决策中得到反映，使新的决策是可实施的，亦能被公众接受，从而化解长期矛盾，减少执法阻力，降低管理成本。此外，欧盟专门制定了《奥尔胡斯协定》和《关于公众获得环境信息的指导方针》两份政策性文件。

2.5 莱茵河流域

国际河流有其特殊性，但同时存在一般流域的共同规律，因此对于国际河流开发和管理的研究成果也可以供国内河流的开发和管理运用与借鉴。本书以莱茵河为例说明相关情况。

2.5.1 莱茵河流域概况

莱茵河发源于瑞士东南部的阿尔卑斯山北麓，流经列支敦士登、奥地利、德国、法国、比利时、卢森堡、意大利、荷兰，在鹿特丹附近注入北海，是一条著名的国际河流。莱茵河全长 1230km 左右，流域面积为 18.5 万 km²[①]。

莱茵河是世界上最重要的也是最为繁忙的工业航运大动脉之一，素有欧洲内河航运"黄金水道"之称，也形成了欧洲乃至世界最重要的沿河产业轴线。经过沿岸各国的共同努力和近两个世纪的开发建设，如今的莱茵河流域已成为世界著名的人口、产业和城市密集带，聚集了近亿人口，形成了许多世界著名的大中型商业城市、工业城市和港口城市，也形成了很多重要的工业产业。

2.5.2 莱茵河——跨界流域冲突与协同的典范

莱茵河的水环境问题随着大面积的沿流域洪泛平原被开发利用而日益尖锐。20

---

① 维基百科. https：//en. wikipedia. org/wiki/Rhine ［2019-3-14］。

世纪 50 年代末，莱茵河水质开始变差，60 年代以后，水质更加恶化。德国境内的河流水质污染又使下游的荷兰深受其害（姜彤，2002）。到了 70 年代初期，由于生态保护措施远落后于经济发展速度，莱茵河严重污染，被称为"欧洲的下水道"（周刚炎，2007）。这一系列的流域问题引发了流域各国对河流管理的思考，通过莱茵河国际保护委员会（ICPR）建立了有效的国际和区域合作机制，并采取了包括莱茵河行动计划等多种措施，使莱茵河成为清洁的河流，流域的综合治理也成为跨界流域冲突与协同的典范。主要经验有以下几方面。

1）莱茵河国际保护委员会为组织保障。莱茵河国际保护委员会成立于 1950 年，是一个国际性组织，成员来自莱茵河流域各个国家。ICPR 的最高决策机构为各国部长会议，部长会议做出的重要决策，各成员国具体负责实施，费用各自承担。莱茵河国际保护委员会的主席由各成员国轮值，但秘书长由最下游的荷兰人担当。莱茵河国际保护委员会没有制定法律的权力，也没有惩罚机制，无权对成员国进行惩罚，它所能做的事情就是建议和评论。莱茵河国际保护委员会很少采取投票的方式进行表决，它会组织所有成员国就某项建议互相讨论，直到得出所有成员国一致同意的方案，正是通过这种讨论直至达成一致的方式，避免了莱茵河流域各成员国意见的不统一；同时莱茵河国际保护委员会还成立了由政府间组织（如河流委员会、航运委员会等）和非政府间组织（如自然保护和环境保护组织、饮用水公司、化学企业、食品企业等）组成的观察员机构，监督各成员国工作计划的具体实施情况。在委员会下还设立了许多协调组作为技术和专业支持，如水质组、生态组、排放标准组、防洪组、可持续发展计划组等（黄德春等，2009）。多年来，莱茵河国际保护委员会根据预定目标制定跨国流域水污染治理行动计划，同时对河流生态系统进行调查和研究，协调流域各国水污染预警计划的制定。

2）完善而先进的预警监测系统为技术支撑。预警监测系统主要包括水质监测与预警系统、洪水监测与预警系统、水文监测系统和洄游鱼类生物监测系统等。监测系统不仅有利于增进各国的相互信任和推动合作评估，还可通过交流监测数据和工作经验，更好地制定政策和措施，以削减污染和恢复生态环境水质监测与预警系统，旨在促进突发水污染事件发生时的信息传递，减少污染事故对水质的影响。目前莱茵河主河段上有 7 个主要的国际监测与预警中心，各个站点随时密切监测莱茵河水质的变化情况，发现水质稍不合格，即报告相关监测部门，及时采取处置措施。一旦有水污染事故发生，事故所在地预警中心负责发布和向其他各中心传递预警信息，各中心接收到信息后逐次向其他站点传递，并详细记录预警信息接收与传递过程，形成具体的报告，提交至莱茵河国际保护委员会秘书处（沈文清等，2009）。

3）社会各界的广泛参与是群众基础。在《莱茵河防洪行动计划》和《莱茵河2020计划》中，都明确了各成员国各部门的协作机制，畅通了公众参与的大门和明确了各领域改善的具体措施，以求共同服务于计划目标的实现。治理和保护莱茵河不仅仅是政府的职能，也是沿河工厂、企业、农场主和居民共同的利益所在。在维护莱茵河良好水质和生态系统的行动中，代表不同利益的各种组织、机构和民众在计划的实施过程中发挥了重要的作用。不断发生的生态灾难增强了人们的环境意识，公众要求政府和工厂采取严厉的措施控制污染越来越发展成为自觉行为（沈文清等，2009）。这种一致的环保观念和利益目标，有利于消除各国间的利益冲突，大大推进了各国对莱茵河流域的共同治理与保护。

4）完备的法制建设是法律保障。莱茵河流域的法制建设主要有四个方面的内容：一是以欧盟委员统一制定的各项指令规定为依据，如《水框架指令》等。二是流域内各国间制定的双边或多边的公约、协定和计划，如《莱茵河条约》《莱茵河2020计划》和《化学物协定》等。三是流域内各国政府为落实各项规定根据自身情况制定的各项国家或地方的法律法规，如德国的《联邦水法》和《废水收费法》等一系列专门法律法规；瑞士联邦政府先后颁布的《森林法》《环境保护法》和《特殊垃圾回收与运输规定》等一系列法规。四是为了有效地监督实施而陆续建立的众多跨国的管理机构、协调机构和民间组织，如莱茵河国际保护委员会、莱茵河集水区国际水厂协会、康斯坦茨湖–莱茵河区供水商协会、瑞士饮用水及水质管理组织（IWB）等。莱茵河流域各国通过制定各类法规条例及签订各类协议和公约，建立门类齐全的跨国和跨地区的管理协调机构，对于推动整个流域社会经济的发展和生态环境的改善都具有重大意义（刘健，1998）。

2.6 启　示

通过梳理世界上主要发达国家和组织的流域综合治理经验，发现其制度建设中有如下共同点（张大伟等，2016）。

1）重视制定和完善相应的法律法规体系。各国往往以一部流域的基本法为基础，具体制定并实施相关系列立法，不断细化和增加规范范围，通过区域立法与流域立法的有机结合保障流域的可持续发展。

2）流域管理体制比较完善。逐步建立和完善流域与区域统一管理，区域管理服从流域管理的体制。大多数国家都建立了完善而有力的流域管理机构，并赋予流域管理机构一定的自主权。

3）以流域为单元的生态系统管理。各国普遍注重流域管理开发的整体规划，对流域内包括水资源在内的各类资源进行保护和可持续利用，使流域内各项与自然资源有关的活动相互协调。

4）重视水资源数据和情报的利用及分享。水资源的正确决策需要准确的科学数据和情报，以上各国或组织大都致力于建立完备的水资源数据库及先进的预警和监测系统。

5）注重行政、法制、经济、科技手段等多种方法的综合运用。各国或组织大都利用水权、水价的杠杆作用，注重市场机制的运用以及工程和非工程手段的运用。

6）强调行之有效的公众参与机制。流域管理中许多问题的解决都离不开公众的参与，以上各国或组织大都注重公众参与而且建立了相应的参与机制，包括环境教育等内容，依法保障其权益的实现。

7）注重协商机制。流域生态系统非常复杂，涉及利益主体多，因此注重州内、国内乃至国际水资源管理的机构合作和协调，建立和完善协商机制，可以有力地推动流域管理制度的顺利实施，最大限度地减少执行阻力。

8）流域管理制度要有重点、分阶段地落实。流域管理内容涉及面广，所流经区域的人口、经济和社会等背景各不相同，各区域的履行能力也各不相同。因此流域管理在总时间表可控的情况下，要分区域、分步骤、分阶段、有重点地逐步落实。

9）制定科学的流域规划。规划涉及的面广，是一种纲领性的规范，有一定的前瞻性，可以比较全面地指导流域管理，有了流域规划，地区在制定区域规划涉及流域事务时也就有了依据。

根据现有资料，总结出如下具体关于国外流域水法规体系建设的启示，见工具箱 2-1。

工具箱 **2-1** 国外流域水法规体系建设的启示

流域层面制度建设

➢ 英国：《河流委员会法》《流域管理条例》等

➤ 美国：《田纳西河流域管理局法》等

➤ 澳大利亚：《墨累−达令河流域法案》和《墨累−达令河流域协定》等

流域机构建设

➤ 英国：国家流域管理局、泰晤士河水管理局等

➤ 美国：田纳西河流域管理局等

➤ 澳大利亚：墨累−达令河流域部长理事会、墨累−达令河流域委员会、墨累−达令河流域社区顾问委员会等

➤ 欧盟：各流域地区拥有专门的流域管理机构等

➤ 莱茵河：莱茵河国际保护委员会、莱茵河集水区国际水厂协会、康斯坦茨湖−莱茵河区供水商协会、瑞士饮用水及水质管理组织等

国家层面制度建设

➤ 英国：《水法》等

➤ 美国：《水资源污染控制法》《鱼类及野生动物保护法》《清洁水条例》《能源政策法》《危险种类条例》和《渔业条例》等

➤ 澳大利亚：《自然资源管理（资金援助）法案》《澳大利亚自然遗产信托法案》《国家环境保护委员会法案》和《环境与生物多样性保护法案》等

➤ 德国：联邦《水法》和《废水收费法》等

➤ 瑞士：《森林法》《环境保护法》和《特殊垃圾回收与运输规定》等

州层面制度建设

➤ 美国：密西西比州"水有效利用"许可计划、马萨诸塞州水管理条例、宾夕法尼亚州制定的水利用准许极限等

➤ 澳大利亚：新南威尔士州《流域管理机构法案》、南澳大利亚州《水资源法案》、维多利亚州《流域和土地保护法案》和昆士兰州 19 项州议会法案等

国家联盟/区际合作制度建设

➤ 澳大利亚：《政府间环境协议》等

➤ 欧盟：《水框架指令》及系列共同实施战略指导文件等

➤ 莱茵河：《莱茵河防洪行动计划》《莱茵河保护公约》《莱茵河 2020 可持续发展计划》《莱茵河条约》和《化学物协定》等

第 3 章 国内流域水资源法制化管理的经验与启示

我国流域水资源法制化管理经过多年的理论研究和实践探索，已经呈现出良好的发展态势，通过对已有相关流域立法的梳理和总结，可以为黑河流域的相关法规体系建设提供重要的借鉴。

3.1 黄河流域

《黄河水量调度条例》是我国出台的第一部关于黄河治理开发的行政法规，也是我国国家层面第一部关于大江大河流域水量调度管理的行政法规。《黄河水量调度条例》经国务院第 142 次常务会议通过，于 2006 年 7 月 24 日公布，自 2006 年 8 月 1 日起施行。《黄河水量调度条例》根据《中华人民共和国水法》制定，其颁布实施不仅有利于加强黄河水量的统一调度，优化合理配置黄河水资源，而且有利于缓解黄河流域水量调度中存在的突出问题和水资源供需矛盾，是实现黄河水资源的可持续利用，促进黄河流域及相关地区经济社会发展和生态环境改善的基本措施与保证。

3.1.1 相关背景

黄河作为我国第二大河，是我国国民经济和社会发展的重要保障。作为我国西北地区、华北地区最大的供水水源，黄河水资源承担着流域内及下游供水区 1.4 亿人口（占全国的 12%）、2.4 亿亩[①]耕地（占全国的 15%）和五十多座大中城市、晋陕宁蒙接壤的能源基地以及胜利油田、中原油田的供水任务，还需向下游流域外

---

① 1 亩≈666.67m²。

的河北、天津地区供水。同时，黄河流域又是资源型缺水地区，其径流量只位居我国七大江河的第四位，水资源的开发利用量已经处于临界状态，再加上黄河自身具有水沙异源、水少沙多、年际变化大、年度来水时空分布不均、连续枯水段长等特征，水资源的开发利用愈加复杂和困难。水供需矛盾日益尖锐、频繁出现的断流现象，引起了国家的高度重视。1987 年国务院批准了《关于黄河可供水量分配方案的报告》，正式提出了流域及相关地区 11 省（自治区、直辖市）的水量分配方案。1998 年国务院批准了《黄河水量调度管理办法》，授权黄河水利委员会对黄河水量实行统一调度。但是以上方案作为法规性文件，执行力度不强，未能有效缓解和遏制黄河断流的局面，还不能从根本上解决黄河水量分配、调度中的问题[①]。2002 年，黄河出现了百年不遇的旱情，温家宝总理连续三次做出确保黄河不断流的批示。为落实温家宝总理的批示，黄河水利委员会加快了黄河水资源管理专门立法的步伐。2006 年 7 月 5 日，在国务院第 142 次常务会议上《黄河水量调度条例》顺利通过审议，2006 年 7 月 24 日温家宝总理签发第 472 号国务院令，颁布实施了《黄河水量调度条例》。

3.1.2 《黄河水量调度条例》中可借鉴的具体做法和经验

（1）建立流域统一管理体制，明确职责权限

《黄河水量调度条例》建立并理顺了流域管理与行政区域管理相结合的黄河水量调度管理体制，对有关责任主体的职责、权限做出了明确规定，形成了黄河水量调度的组织保障体系，有利于水量调度工作的组织领导及调动各方的积极性。具体内容如下。

1）理顺水量调度的管理体制。《黄河水量调度条例》第四条规定："黄河水量调度计划、调度方案和调度指令的执行，实行地方人民政府行政首长负责制和黄河水利委员会及其所属管理机构以及水库主管部门或者单位主要领导负责制。"第十八条规定了水文断面流量控制指标的规定机构、沿黄八省（自治区）的省（自治区）级政府（青海、甘肃、宁夏、内蒙古、河南、山东、陕西和山西）和五大控制性水库（龙羊峡水库、刘家峡水库、万家寨水库、三门峡水库、小浪底水库）的主管部门或者单位对相应水文控制断面流量符合规定的控制指标的责任制。

---

① 《黄河水量调度条例》制定与实践. 黄河报. 黄河网. http://www.yellowriver. gov. cn/zlcp/kjcg/kjcg07/201108/t20110814_103291. html［2011-8-14］。

2）明晰有关各方的职责和权限。明确规定国务院水行政主管部门和国务院发展改革主管部门负责黄河水量调度的组织、协调、监督和指导；黄河水利委员会负责黄河水量调度的组织实施和监督检查；有关地方人民政府水行政主管部门和黄河水利委员会所属管理机构，负责所辖范围内黄河水量调度的实施和监督检查。同时提出了电力调度服从水量调度的原则和要求。

3）建立有关各方的协商、协调机制。《黄河水量调度条例》在水量分配与调度中有关用水计划建议申报等九个环节，建立了黄河水利委员会与 11 省（自治区、直辖市）政府及其有关部门的协商、协调机制，从而事先有效消除水量调度争议和分歧，有力促进和保障黄河水量调度的顺利执行。

（2）更加丰富的水量调度方式

《黄河水量调度条例》第十条明确规定："黄河水量调度实行年度水量调度计划与月、旬水量调度方案和实时调度指令相结合的调度方式。黄河水量调度年度为当年 7 月 1 日至次年 6 月 30 日。"这就协调了计划管理、总量控制和精细化调度的关系。《黄河水量调度条例》第四章专章规定了应急调度，使水量调度的手段更加丰富、更加科学。

（3）更加健全的水量分配制度

《黄河水量调度条例》第二章专章对水量分配方案制定的主体、审批主体、制定方案应当遵循的原则、方案的调整等做出了具体规定，突破了《中华人民共和国水法》关于水量分配方案制定批准程序的规定，增加了在国务院批准前经国务院发展改革主管部门和国务院水行政主管部门审查的环节，使黄河水量分配方案制定审批程序更加趋于完整、科学和规范。

（4）更加严格的断面流量控制制度

《黄河水量调度条例》第十六条、第十七条的规定，建立了包括干流、重要支流和重要控制性水库在内的严格的水文断面流量控制制度，为水量调度的顺利实施提供了保障。

（5）建立了完备的应急调度体系

通过分析近年来黄河水量调度中发生的应急事件，尤其是 2003 年旱情紧急情况下实施的应急水量调度，《黄河水量调度条例》以水量调度的实际经验为基础，做了进一步扩展，规定了出现严重干旱、省际或者重要控制断面流量降至预警流量、水库运行故障、重大水污染事故等情况，可能造成供水危机、黄河断流时，组织实施应急调度，并规定了不同情况下应编制的预案、实施程序和措施（周英，2006）。

（6）强化水量调度监督和对违法行为的处罚力度

建立了黄河水量调度执行情况、监督检查情况向有关利益方定期通报和向社会公告的制度，规定了监督检查措施。与此同时，加大了对水量调度违法行为的处罚力度。既设定了包括水量调度计划、方案、预案的制定、下达、执行和断面流量控制的各环节的违法行为的情形，又相应规定了从责令改正、警告到行政处罚、经济处罚以至追究刑事责任的制度，尤其是对断面下泄流量不符合控制指标的省（自治区），规定了按实际缺水量加倍扣除直至不再新增该省（自治区）年度取水工程项目的强制措施，从而建立了较为完整的水量调度责任保障体系①。

案例一：黄河流域实行最严格水资源管理制度的措施（陈小江，2012）

1）强化顶层设计。着力完善黄河治理开发与管理的规划体系，做好流域综合规划、流域（片）水中长期供求规划、流域灌溉发展规划、流域水资源保护规划等综合规划和专业规划的修订和编制，强化规划的指导和约束作用。

2）强化制度建设。着力构建黄河流域最严格水资源管理制度体系，严格建设项目水资源论证、取水许可和入河排污口审批，积极开展规划水资源论证。对水资源短缺地区、生态脆弱地区，严格控制发展高耗水、重污染项目，全面推进节水防污型社会建设。对开发利用和入河污染物总量超标的地区，实行区域限批，新增取水项目一律通过水权转让获取取水指标。

3）强化协调监督。着力构建流域和区域相结合的水资源管理体制与机制，积极探索建立由相关利益方参与的流域水资源管理议事协商机制，形成落实最严格水资源管理制度的强大合力。

4）强化能力建设。着力完善用水、省际断面水量水质监测网络，力争用3年时间，实现对省际断面水量水质监测的全覆盖，干流用水监测达到总用水量的90%。进一步完善水量调度管理系统和水资源保护决策支持系统，不断提升流域水资源监测和管理能力。

---

① 《黄河水量调度条例》制定与实践. 黄河报. 黄河网. http://www.yellowriver.gov.cn/zlcp/kjcg/kjcg07/201108/t20110814_103291.html［2011-8-14］。

3.2 太 湖 流 域

《太湖流域管理条例》是我国第一部流域综合性行政法规，经 2011 年 8 月 24 日国务院第 169 次常务会议通过，自 2011 年 11 月 1 日起施行。

3.2.1 相关背景

太湖流域位于长江三角洲的南缘，总面积为 3.69 万 km²，行政区划分属江苏省、浙江省和上海市，流域人口密集，是我国经济社会最发达、最具活力的地区之一，同时也是防洪调度压力与难度大，水问题最为复杂突出、综合交织的流域之一。1991 年、1999 年流域大洪水，2003 年流域大旱，2007 年无锡供水危机及严重的水质型缺水向人们发出了警示，流域面临着较大的资源环境压力，水少、水脏等问题制约着经济社会的发展（梅青和张怡，2011）。党中央和国务院对于太湖流域的水资源保护和水污染防治工作一直高度重视。2007 年 6 月，由温家宝总理牵头的太湖流域水污染综合治理工作启动，从国家层面对太湖流域的水环境治理进行了总体部署。2008 年，国务院批复了《太湖流域水环境综合治理总体方案》，正式启动了太湖流域水环境综合治理工作；2010 年，国务院批复了《太湖流域水功能区划》。多年来，水利部太湖流域管理局和地方人民政府密切合作，在流域水资源配置、水量调度、防汛抗旱、水域岸线保护等方面建立了有效的协作机制。为进一步加强太湖流域水资源保护和水污染防治工作，细化管理制度，有必要制定一部专门的行政法规（郭文芳，2011）。这对保障太湖流域经济社会的可持续发展、巩固太湖流域水环境综合治理成果以及更好地执行《中华人民共和国水法》《中华人民共和国水污染防治法》等法律，对推动经济发展方式转变、维护流域生态安全等，均具有十分重要的意义。

3.2.2 《太湖流域管理条例》中可借鉴的具体做法和经验

《太湖流域管理条例》，不同于《黄河水量调度条例》等只针对某一方面事项的流域性管理条例和法规，是我国首部针对整个流域的综合管理法规，堪称我国第一部流域综合性行政法规，也是我国迈向流域综合管理的标志（王亚华，2011）。在结合流域实际，细化最严格水资源管理制度等方面也取得了积极的进展。其中一些具体可借鉴的做法和经验如下。

（1）突出饮用水安全，重视民生

1）强化了饮用水水源保护。《太湖流域管理条例》第七条规定："太湖流域县级以上地方人民政府应当合理确定饮用水水源地，并依照《中华人民共和国水法》、《中华人民共和国水污染防治法》的规定划定饮用水水源保护区，保障饮用水供应和水质安全。"第八条规定："禁止在太湖流域饮用水水源保护区内设置排污口、有毒有害物品仓库以及垃圾场；已经设置的，当地县级人民政府应当责令拆除或者关闭。"第九条规定："太湖流域县级人民政府应当建立饮用水水源保护区日常巡查制度，并在饮用水水源一级保护区设置水质、水量自动监测设施。"

2）建立了供水安全应急、预警制度和预防措施。《太湖流域管理条例》第十条规定："太湖流域县级以上地方人民政府应当按照水源互补、科学调度的原则，合理规划、建设应急备用水源和跨行政区域的联合供水项目。按照规划供水范围的正常用水量计算，应急备用水源应当具备不少于7天的供水能力。"第十一条规定供水安全应急预案的制定主体、应急预案实施方案的制定及应急工作方案的制定。第十二条规定供水安全应急预案应当包括的主要内容。第十三条规定："太湖流域市、县人民政府应当组织对饮用水水源、供水设施以及居民用水点的水质进行实时监测；在蓝藻暴发等特殊时段，应当增加监测次数和监测点，及时掌握水质状况。太湖流域市、县人民政府发现饮用水水源、供水设施以及居民用水点的水质异常，可能影响供水安全的，应当立即采取预防、控制措施，并及时向社会发布预警信息。"

（2）重视水资源保护

在《中华人民共和国水法》的制度框架下，《太湖流域管理条例》第三章专门规定水资源保护，针对太湖流域实际，作了如下具体规定。

1）明确了水资源配置与调度的原则。《太湖流域管理条例》第十五条第二款指出："太湖流域水资源配置与调度，应当遵循统一实施、分级负责的原则，协调总量控制与水位控制的关系。"

2）加强了水功能区管理。规定在太湖流域湖泊、河道从事生产建设和其他开发利用活动的，应当符合水功能区保护要求。加强对水功能区保护情况的监督检查。主要入太湖河道控制断面未达到水质目标的，在不影响防洪安全的前提下，太湖流域管理机构应当通报有关地方人民政府关闭其入湖口门并组织治理。

3）健全了清淤、节水和地下水保护制度。要求太湖流域县级以上地方人民政府按照太湖流域综合规划和水环境综合治理总体方案等要求，组织环保型清淤和生态疏浚。鼓励回用再生水和综合利用雨水、海水、微咸水，采取综合措施，提高用水效率。国家将太湖流域承压地下水作为应急和战略储备水源，除供水安全事故急用水外，禁止任何单位和个人开采承压地下水。

（3）重视水污染防治

水污染防治是太湖流域治理需要重点解决的问题，《太湖流域管理条例》第四章专门作了如下具体规定。

1）建立了流域层面重点水污染物排放总量控制制度。《太湖流域管理条例》第二十五条规定："太湖流域实行重点水污染物排放总量控制制度。"两省一市人民政府环境保护主管部门应当按照相关水质目标和要求，制定重点水污染物排放总量削减和控制计划，并将确定的控制指标分解下达到太湖流域各市、县，再由市、县人民政府分解落实到排污单位。

2）对重点排污行业做出专门规定。《太湖流域管理条例》第二十八条规定："禁止在太湖流域设置不符合国家产业政策和水环境综合治理要求的造纸、制革、酒精、淀粉、冶金、酿造、印染、电镀等排放水污染物的生产项目，现有的生产项目不能实现达标排放的，应当依法关闭。"

3）重点区域实行特殊保护。《太湖流域管理条例》第二十九条通过列举式规定，明确了在新孟河、望虞河以外的其他主要入太湖河道，自河口 1 万米上溯至 5 万米河道岸线内及其岸线两侧各 1000 米范围内的禁止行为。第三十条通过列举式规定，明确了在太湖岸线内和岸线周边 5000 米范围内，淀山湖岸线内和岸线周边 2000 米范围内，太浦河、新孟河、望虞河岸线内和岸线两侧各 1000 米范围内，其他主要入太湖河道自河口上溯至 1 万米河道岸线内及其岸线两侧各 1000 米范围内的禁止行为。

4）加强城乡生活污水和农村垃圾的收集和集中处理。《太湖流域管理条例》第三十四条规定："自本条例施行之日起 5 年内，太湖流域县级以上地方人民政府所在城镇和重点建制镇的生活污水应当全部纳入公共污水管网并经污水集中处理设施处理。太湖流域县级人民政府应当为本行政区域内的农村居民点配备污水、垃圾收集设施，并对收集的污水、垃圾进行集中处理。"

（4）建立流域生态补偿机制

1）确定了上下游地区之间的生态补偿。《太湖流域管理条例》第四十九条规定："上游地区未完成重点水污染物排放总量削减和控制计划、行政区域边界断面水质未达到阶段水质目标的，应当对下游地区予以补偿；上游地区完成重点水污染物排放总量削减和控制计划、行政区域边界断面水质达到阶段水质目标的，下游地区应当对上游地区予以补偿。"

2）补偿方式的确定。《太湖流域管理条例》第四十九条规定："补偿通过财政转移支付方式或者有关地方人民政府协商确定的其他方式支付。具体办法由国务院财政、环境保护主管部门会同两省一市人民政府制定。"

3）其他激励措施的综合运用。《太湖流域管理条例》第五十一条规定："对为减少水污染物排放自愿关闭、搬迁、转产以及进行技术改造的企业，两省一市人民政府应当通过财政、信贷、政府采购等措施予以鼓励和扶持。"第五十二条规定："对因清理水产养殖、畜禽养殖，实施退田还湖、退渔还湖等导致转产转业的农民，当地县级人民政府应当给予补贴和扶持，并通过劳动技能培训、纳入社会保障体系等方式，保障其基本生活。对因实施农药、化肥减施工程等导致收入减少或者支出增加的农民，当地县级人民政府应当给予补贴。"

案例二：《太湖流域管理条例》在实施最严格水资源管理制度方面的保障措施（耿清蔚等，2014）

1）细化流域管理体制机制，建立水资源管理责任和考核制度。《太湖流域管理条例》明确太湖流域实行流域管理与行政区域管理相结合的管理体制，强化多部门协调合作，将太湖流域水环境综合治理省部际联席会议制度等有益的机制明确下来，并明确建立太湖流域管理协调机制，统筹协调太湖管理中的重大事项。《太湖流域管理条例》规定对太湖流域水资源保护和水污染防治实行两省一市人民政府目标责任制与考核评价制度，将对流域综合管理增加重要的抓手与措施。同时落实地方人民政府及其有关部门的责任，逐级分解和细化治理任务。

2）强化流域防洪和水资源统一调度，明确调度职责和权限。《太湖流域管理条例》吸收了流域与区域引江济太水资源调度、洪水调度等实践经验，

加强了流域防洪和水资源统一调度，从法规层面提出了流域水资源调度，明确了调度方案的编制、报批和组织实施等，从流域层面统筹防洪、供水及水生态等综合需求。《太湖流域管理条例》按照水资源应急调度、水资源日常调度、防汛抗旱调度三种情况，分别规定流域和区域的调度权限。

3）协调和整合流域监测体系，建立统一的流域监测信息共享平台。《太湖流域管理条例》第七章对监测与监督作了详细规定。

3.3 塔里木河流域

《新疆维吾尔自治区塔里木河流域水资源管理条例》是我国对流域水资源实施统一管理的地方性法规，1997 年由新疆维吾尔自治区第八届人民代表大会常务委员会第三十次会议审议并通过。2005 年 3 月 25 日新疆维吾尔自治区第十届人民代表大会常务委员会第十五次会议第一次修订。2014 年 9 月 25 日新疆维吾尔自治区第十二届人民代表大会常务委员会第十次会议第二次修订，自 2014 年 11 月 1 日起施行。

3.3.1 相关背景

塔里木河是我国第一大内陆河，流域总面积达 102 万 km²，深居欧亚大陆腹地，流经新疆南部的沙漠地带，气候干旱少雨，水资源紧缺，是干旱、多风沙的生态环境脆弱地区。随着流域内人口的增长和经济的快速发展，水资源遭到无节制的开发利用，加之塔里木河本身不产流，水量完全靠源流供给输送，流域水量不断减少、水质日趋恶化等问题愈加突出，严重制约了流域经济社会和生态环境的可持续发展（姚国刚，2013）。塔里木河"四源一干"是塔河流域工业的主要集中区，对流域的社会经济起着至关重要的作用，不仅关系到流域自身的生存和发展，也关系到新疆乃至国家的稳定与发展。1997 年通过的《新疆维吾尔自治区塔里木河流域水资源管理条例》是我国第一部地方性流域水资源管理法规，以立法的形式确立了流域三位一体的管理体制，为流域管理机构管理水资源提供了法律依据。为了加强生态建设和保护，国务院于 2001 年 6 月 27 日批准实施了《塔里木河流域近期综合治理规划报告》，开展塔里木河流域的综合治理工作。2005年对《新疆维吾尔自治区塔里木河流域水资源管理条例》进行了第一次修订。随着塔里木河流域在管理和开发利用上出现的用水矛盾突出、用水量剧增超出承载能力、沿河开采地下水过度、水能资源开发管理滞后等新问题，对《新疆维吾尔自治区塔里木河流域水资源管理条例》的修改迫在眉睫（姚彤，2014）。2014年进行了第二次修订，新《新疆维吾尔自治区塔里木河流域水资源管理条例》在制度上做出了更为具体和明确的规定，并根据国家实行最严格水资源管理的具体要求及流域实际情况，将最严格水资源管理的"三条红线"控制指标贯彻落实到具体的规定中，强化水资源的严格管理。

3.3.2 《新疆维吾尔自治区塔里木河流域水资源管理条例》中可借鉴的具体做法和经验

1）理顺流域管理体制，加强塔里木河流域管理局（简称塔管局）机构能力建设。《新疆维吾尔自治区塔里木河流域水资源管理条例》第四条规定："流域内水资源实行流域管理与行政区域管理相结合的管理体制，行政区域管理应当服从流域管理"。《新疆维吾尔自治区塔里木河流域水资源管理条例》明确了流域管理机构的法律地位及职责，确立了流域水利委员会、执行委员会及塔里木河流域管理局的流域管理机构地位，并对委员会及塔里木河流域管理局的职责予以法律授权，使他们履行职责、进行管理活动有了法律依据，有利于对流域水资源进行统一管理（李坤和张勇，2005）。

2）确立节水管理制度。《新疆维吾尔自治区塔里木河流域水资源管理条例》第八条规定："流域内农业生产应当调整种植业结构，采用节水栽培技术，实行节水灌溉，提高用水效率和效益，推行供水到户，组织农民用水协会，建立节水管理制度，发展节水型农业。"

3）增添有关贯彻落实最严格水资源管理的制度。《新疆维吾尔自治区塔里木河流域水资源管理条例》第六条规定："塔里木河流域水资源管理严格执行用水总量控制红线、用水效率控制红线和水功能区限制纳污能力红线的要求，实行水资源管理责任和考核制度。有关水行政主管部门或者流域管理机构批准的地表水和地下水取用水总量，不得超过自治区人民政府下达的取用水总量控制指标。地表水和地下水取用水总量已超过用水总量控制限额和规划灌溉面积的区域，各州（地）、兵团师应当制定退地减水方案及调整用水结构方案，责任到人，限期落实，由有关水行政主管部门或者流域管理机构负责监督实施。"第七条、第八条又进一步原则性规定了按照以供定需的原则，进行经济结构调整；调整种植业结构；实行节水灌溉等。第十九条规定："流域内取用地下水资源，应当经过充分论证，实行地下水开采总量和地下水位双控制。地下水开采总量纳入用水总量控制指标。在塔里木河干流和主要源流河道管理范围以外 1 公里以内凿井取水的，由塔管局及其直属流域管理机构按照分工权限审批。"

4）加强塔里木河水量统一分配和调度管理。《新疆维吾尔自治区塔里木河流域水资源管理条例》规定了流域水量分配方案、旱情紧急情况下的水量调度预案、年度水量分配方案和调度计划、用水总量控制等制度。例如，第二十一条规定："流域内利用水能资源建设发电项目的，应当与防洪、供水、灌溉、生态和环境保护等统筹协调。发电企业应当按照'电调服从水调'的原则，合理安排发电计划，确保防洪、供水、灌溉和生态安全；建设单位应当建立水量调度管理系统，接受流域管理机构或者水行政主管部门的水资源统一调度和管理。"又如，第二十五条规定："塔里木河干流和主要源流水量调度，由塔管局组织实施。流域内水行政主管部门和兵团师具体负责灌区内的水量调度，并依法制止破坏水量调度秩序的行为。其他源流的水量调度，由有关水行政主管部门或者流域管理机构负责。"

5）注重规划间的衔接。《新疆维吾尔自治区塔里木河流域水资源管理条例》第十五条规定："在塔里木河流域利用、节约、保护、管理水资源和防治水害，应当服从统一的流域规划和区域规划。源流流域规划应当服从塔里木河流域规划，区域规划应当服从流域规划，专业规划应当服从综合规划。流域内州（地）、兵团师的国民经济和社会发展规划以及城市总体规划、土地利用总体规划等应当与流域综合规划相互衔接。"第十六条进一步规定："塔里木河流域综合规划、干流和主要源流综合规划以及专业规划，由塔管局会同流域内州（地）水行政主管部门、兵团师和有关部门编制，经自治区水行政主管部门组织审查后，按规定的程序报批。前款规定以外的其他源流综合规划和专业规划，由有关水行政主管部门或者流域管理机构依法编制，经征求塔管局对该规划是否符合流域综合规划意见后，按规定的程序报批。区域综合规划、专业规划应当依法编制，并向塔管局备案。"

案例三：保障塔里木河水资源管理"三条红线"应采取的对策措施（徐永军，2015）

1）用水总量管理。通过行政手段在流域内实行最严格的规划管理和水资源论证制度、取水许可制度、水资源有偿使用制度，严格控制流域和区域取用水总量，对地下水进行管理和保护，加强地下水动态监测，实行地下水取用水总量控制和水位控制，强化水资源统一调度管理，使区域水资源调度服从流域水资源统一调度，水力发电、供水等调度应当服从流域水资源统一调度。

2）用水效率控制。在塔河流域这个以灌溉为主的用水区，用水效率主要基于用水定额和用水指标。首先要全面加强节约用水管理，其次要强化用水定额，还要加快节水技术改造。多渠道、多方向、多措施同时实施，建立相应的考核和评价管理体系。

3）水功能区限制纳污控制。目标是保障水功能区达标。首先，应对水功能区进行监督管理，建立水功能区达标评价体系，加强水功能区动态监测和科学管理；核定水域纳污容量，严格控制入河排污总量。配备齐全的监测设备和建立一支专业的监测队伍，对主要排污口设置计量装置，进行动态监测和评价。其次，在流域内划定饮用水水源保护区，加强饮用水水源保护，加强水土流失治理，防止面源污染，禁止破坏水源涵养林，建立生态补偿机制，维持河流合理流量及地下水的合理水位，充分考虑基本生态用水需求，维护流域健康生态。

3.4 石羊河流域

根据《中华人民共和国水法》及有关法律、法规，结合石羊河流域实际，2007年7月27日，甘肃省第十届人民代表大会常务委员会第三十次会议通过了《甘肃省石羊河流域水资源管理条例》，该条例于2007年9月1日起施行。

3.4.1 相关背景

石羊河流域是河西走廊三大内陆河之一，位于甘肃省河西走廊东部，乌稍岭以西，祁连山北麓，东南与甘肃省白银、兰州两市相连，西北与甘肃省张掖市毗邻，西南紧靠青海省，东北与内蒙古自治区接壤（叶得明和杨婕妤，2013），是中国干旱地区灌溉农业最发达和水资源开发利用程度最高的内陆河流，流域总面积为 4.16 万 km^2，流域自东向西由大靖河、古浪河、黄羊河、杂木河、金塔河、西营河、东大河、西大河八条河流及多条小沟小河组成，河流补给来源为山区大气降水和高山冰雪融水，产流面积为 1.11 万 km^2，多年平均径流量为 15.60 亿 m^3（徐宗学等，2007）。由于石羊河属资源型缺水流域，生态恶化，特别是流域下游民勤县湖泊萎缩，土地沙漠化、盐渍化进程加快，地下水位下降，矿化度上升等，已经严重阻碍了区域的可持续发展，进而影响流域社会经济和生态环境的协调发展（叶得明和杨婕妤，2013）。2007 年 7 月 27 日，甘肃省第十届人民代表大会常务委员会第三十次会议通过了《甘肃省石羊河流域水资源管理条例》，其是甘肃省首部关于流域水资源管理的地方性法规，将为遏制民勤县绿洲生态的持续恶化提供制度保障。

3.4.2 《甘肃省石羊河流域水资源管理条例》中可借鉴的具体做法和经验

《甘肃省石羊河流域水资源管理条例》共四十四条，对流域内水资源的管理体制、原则、机构及水源涵养、节水措施等进行了详细规定，具体如下。

（1）水资源管理必须坚持的原则

《甘肃省石羊河流域水资源管理条例》第三条规定："流域水资源管理应当坚持统筹规划、以水定需、厉行节约、科学治理、务求实效的原则。"

（2）流域内实行统一管理

《甘肃省石羊河流域水资源管理条例》第三条规定："流域水资源实行流域管理和行政区域管理相结合，行政区域管理服从流域管理的管理体制。"第四条规定了由省人民政府设立的石羊河流域管理委员会（简称管理委员会）统一管理流域内的水资源工作，明确了管理委员会的五项主要职责，确定了甘肃省水利厅石羊河流域管理局（简称流域管理机构）是管理委员会的办事机构，负责流域水资源统一管理的具体工作。第五条规定："流域内各级人民政府和流域管理机构应当依照各自职责，互相配合，共同做好流域水资源的管理和综合治理工作。"

（3）注重节水，并制定激励措施

《甘肃省石羊河流域水资源管理条例》第六条规定："流域内市、县（区）人民政府应当将水资源的保护、节约和利用纳入本行政区域国民经济和社会发展规划。省人民政府应当加大对流域综合治理项目、水利工程维护和节水投入资金的扶持力度，保障流域综合治理目标的实现。"第二十五条规定了流域内各级人民政府节约用水管理的领导责任制度，并做出了建立节水型社会的倡导性规定。第二十六条至第三十条更细致地对激励机制、提高农业用水效率的措施、工业节水、居民生活节水等几个方面作了规定。

（4）对地下水的保护

针对石羊河流域内地下水超采严重这一现实情况，《甘肃省石羊河流域水资源管理条例》作了重点规范。第十六条规定："流域内地下水取水许可，经取水口所在地县（区）、市水行政主管部门逐级审核后，报流域管理机构审批。"同时，严格控制开采地下水，第十八条规定："流域管理机构应当组织市、县（区）水行政主管部门及其他有关部门开展地下水资源调查评价，提出年度地下水开采总量控制方案，经省水行政主管部门审查，报管理委员会批准。"第十九条规定："流域管理机构应当组织有关部门划定地下水禁止开采区和限制开采区，经流域管理委员会审核，报省人民政府批准后公布。"同时规定了在地下水禁止开采区和限制开采区内的禁止事项。

案例四：石羊河流域最严格水资源管理实施情况（李生潜，2019）

1）建立健全水资源管理制度体系。流域管理部门和地方政府按照最严格水资源管理的目标要求，结合流域实际，先后出台了《石羊河流域地表水量调度管理办法》《机井审批管理暂行规定》《甘肃省石羊河流域水资源管理条例》《甘肃省石羊河流域地下水资源管理办法》《甘肃省取水许可和水资源费征收管理办法》等地方性法规和制度，强化了石羊河流域最严格水资源管理的法律基础。

2）严格用水总量控制和定额管理。包括严格计划用水和水资源论证，确定了石羊河流域水资源的分配方案；严格用水总量控制，逐级分解水量指标，编制年度配水计划，实行用水总量控制和动态管理。修订用水定额，推广高效节水种植方式；严格取水许可管理，将取水许可审批作为落实用水总量指标的重要控制手段；实行地下水开采总量和水位"双控"制度，2012年以来，中上游基本实现地下水采补平衡，下游地区地下水水位有明显回升；实

施水权改革与差别化水价政策。2010 ～ 2015 年，累计交易水权 963 次，交易水量 2157 万 m^3，用水结构优化。

3）严格用水效率控制和水功能区限制纳污管理，用水效益大幅度提升，水环境质量进一步提高。

3.5 启　示

纵观以上国内流域立法，其制度建设对我们有以下启示（张大伟等，2016）。

（1）强调流域统一管理，树立流域机构的权威性

在《中华人民共和国水法》规定流域内水资源实行流域管理与行政区域管理相结合的管理体制的基础上，对涉水各方的职责、权限进行了细分，建立各地区、各部门的协商、协调机制，进一步明确行政区域管理应当服从流域管理，更加符合流域水资源统一管理的实际需要。

（2）水量与水质管理并重

节约用水，科学调整产业结构，并提高用水效率，合理配置水资源。强调水资源保护，加强水功能区监测和治理，完善水量的统一分配、调度管理及用水管理规定，做好流域水量分配方案、旱情紧急情况下的水量调度预案、年度水量分配方案和调度计划、用水总量控制、取水许可限额管理、加强城乡生活污水的收集处理等制度。

（3）常规管理和应急管理相结合

保护流域水环境，防治水污染，科学划定水功能区划和新建、改建或者扩大排污口的审查制度，排污达标，制定流域突发污染事件的应急预案，提高流域的危机管理能力，建立应急水量调度的处置制度和体系，有效地处理水量调度中出现的应急事件，保障河流不断流。

（4）保护地下水，限制开采地下水，保护地下水环境

各流域均存在对地下水的掠夺性开采、地下水位持续下降和地下水水质恶化的问题，相关条例对此都做了重点强调，规范地下水开发管理，禁止擅自开采承压地下水。

（5）加强流域管理机构对工程的建设和管理权限

完善工程建设项目的立项、审批及项目资金管理的程序等，使流域管理机构能够有效管理或参与流域内各项水工程的立项、审批和资金运用，最大限度地发挥其对水工程的管理权，进而实现全流域的水资源统一调度。

（6）注重生态用水保护，建立生态补偿机制

各流域一般都要求推进经济结构、种植结构调整，干流禁止开荒，防止生态用水被挤占，促进流域生态恢复。同时，利用经济杠杆的调节功能，建立区域间的生态补偿机制，明确上下游在排污超限、水质不达标方面的相互补偿标准，对减排企业和转产农民，由政府通过财政补贴等方式予以扶持。

（7）围绕流域管理立法，制定配套措施

3.1～3.4节的国内立法，一般都有围绕流域管理立法的系列配套制度或措施规定或细化的流域管理规定，使整个管理活动利于操作和执行。

（8）强化法律责任，增大处罚力度

一方面，明确管理部门及其工作人员的法律责任，做到权责一致；另一方面，加大对失职、违法行为的处罚力度，对于违反条文规定的行为，规定了从责令改正、警告到行政处罚、经济处罚以至追究刑事责任的制度，从而建立较为完整的流域管理责任保障体系。

由于所选择的的流域案例有限，不能完全展示我国流域制度建设情况，根据现有资料，总结出关于国内流域水法规体系建设的启示，见工具箱3-1。

工具箱3-1　关于国内流域水法规体系建设的启示

流域层面制度建设

➤ 黄河：《黄河水量调度条例》

➤ 太湖：《太湖流域管理条例》《太湖流域水功能区划报告》

➤ 塔里木河：《新疆维吾尔自治区塔里木河流域水资源管理条例》

➤ 石羊河：《甘肃省石羊河流域水资源管理条例》《石羊河流域地表水量调度管理办法》《甘肃省石羊河流域地下水资源管理办法》

流域机构建设

➤ 黄河：黄河水利委员会为国家七大江河流域管理机构之一

➤ 太湖：太湖流域管理局

➤ 塔里木河：塔里木河流域水利委员会、塔里木河流域管理局

➤ 石羊河：石羊河流域管理委员会、石羊河流域管理局

国家层面制度建设

➤《中华人民共和国水法》

➤《中华人民共和国环境保护法》

➤《中华人民共和国防洪法》

➤《中华人民共和国水污染防治法》

➤《取水许可和水资源费征收管理条例》

➤《中华人民共和国水土保持法》

➤《中华人民共和国环境影响评价法》

➤《中华人民共和国河道管理条例》

➤《国务院关于实行最严格水资源管理制度的意见》等

省（自治区）层面制度建设

➤各省（自治区）根据上位法制定的实施办法、省政府规章、系列规范性文件等

综合第 2、第 3 章关于国内外流域水资源法制化管理的经验，可以看出各国非常重视制定和完善相应的法律法规体系，如以流域基本法为基础，围绕流域管理立法，制定并实施系列配套制度或措施，不断细化和增加规范范围，使整个流域管理活动利于操作和执行。

第4章 黑河流域管理体制

黑河流域作为我国西北地区灌溉农业开发最早的流域，水资源紧缺，水事矛盾突出，经过长期变革和实践，黑河流域管理机构积累了丰富的管理经验，也形成了一些独特的管理运行体制机制。但近年来，随着全球气候变化和社会经济的持续快速发展，流域管理呈现出急待加强和变革的可持续管理要求。

流域管理体制是水管理体制的重要组成部分，明确流域管理机构的地位和管理职责，发挥流域管理机构的积极作用，对促进流域的可持续发展具有十分重要的作用。

4.1 历史沿革

对黑河流域的大规模开发利用是从汉朝开始的。汉武帝时期，国库充盈，军事实力强大且匈奴发生分裂，由卫青、霍去病打败匈奴。为了防止匈奴卷土重来，汉武帝在河西开展了大规模戍兵屯田移民实边的活动，并以张掖为活动的目标中心。西汉王朝为了巩固边防，还修渠引水，发展农田灌溉（张景霞，2010）。在此背景下，黑河流域河西一带开展了大规模的屯田垦殖和水利灌溉工程。汉王朝为进行屯田垦殖和水利灌溉工程，建立了一套严密的管理组织、制度和方法，出土的居延汉简有记载组织引水治渠的"河渠卒"和"水门卒"，管理农田水利的"田官"和"农都尉"，汉朝在张掖兴修了哪些渠道、如何引川谷水进行灌溉，史籍记载不详（甘肃省张掖地区行政公署水利电力处，1993）。

到了唐朝，中央政府制定的《水部式》是现存见于文字记载的最早的一部水资源专门法规，它从用水轻重缓急出发，记载的用水次序是，航运先于灌溉，灌溉又先于碾硙。《水部式》规定上下游水资源利用遵守"均水制度"，即按照所需灌溉的田地亩数来确定用水量，且由政府派员执行，并将灌区管理的成绩作为考核晋级的重要依据。唐代上自中央、下至渠道斗门，层层设置专管人员，形成了一套系统的管理机构和完整的管理体制（周魁一，1981；张兰和宋金华，2008）。

宋朝的水权制度承袭了唐制，但在水行政立法、执法方面比较严格。河西内陆河流域在宋初由西夏统治，这一时期也非常重视水利灌溉，专门制定了有关水利灌溉的规章制度，如《天盛年改定新律》具体规定了水利设施的管理和水的使用办法。渠头、渠主、渠水巡检等作为水渠的基层管理者，主要负责巡视、监察和修理水渠，管理放水灌溉农田。到了元朝，河西内陆河流域的水权制度仍然大都依唐例，突出特点是从微观的角度对灌区用水制度做出详细的规定（侯庆丰和孔庆文，2006）。

清代河西走廊形成了四级分工负责的水利制度，即行政长官—农官、渠正、管水乡老、水利把总等吏目—农村基层行政组织的乡约、总甲、牌头—专业性夫役，各负其责，政令畅通，形成了高效的管理制度（钱国权，2015）。到了清代，黑河流域的人口达到了中华人民共和国成立以前的一个高峰，在水资源总量既定的条件下，用水量的增长必然导致水事矛盾的尖锐化。在此背景下，雍正四年（公元1726 年），陕甘总督年羹尧制定了"均水制"。"均水制"的主要内容是每年芒种前封闭上段渠口 10 天，给下游高台及鼎新灌区放水；"均水制"实施的地域范围是甘肃省境内，主要是黑河流域中游及中下游的府（县）；"均水制"实施的方式是军事力量的强制命令。"均水制"实行以后，水事纠纷骤减，因此，这一制度被长期坚持下来，并得到进一步完善（沈满洪和何灵巧，2004）。

中华人民共和国成立之初，黑河流域的农业和水利制度改革取得了一定的成绩。在改革旧的水利管理制度过程中，由酒泉、武威两专署邀请驻河西中国人民解放军三军管理，并于1951 年，黑河干流成立了黑河流域水利委员会，主要指导黑河上游总引水口改建，监督黑河干流"均水制度"的执行，调节黑河干流各县较大的水利纠纷。1952 年以后，历经多次变革，先后将黑河流域水利委员会转交张掖县代管，收归甘肃省水利局，成立了张掖专署水利局黑河河系灌溉管理处、张掖专区黑河流域水利管理处、张掖地区黑河流域管理处，各灌区和地县也成立了相应的政府管理组织和群众管理组织，逐步采取专业管理和群众管理相结合，分级管理，分层负责，取得了显著成效（甘肃省张掖地区行政公署水利电力处，1993）。

4.2 现行管理体制

根据2018 年国务院机构改革方案，与黑河流域水资源管理职责相关的主体主要包括水利部、自然资源部、生态环境部、黄河水利委员会、黑河流域管理局、流域内地方各级人民政府水行政主管部门和东风场区水务部门、流域内地方各级自然资源部门、流域内省（区、市）、市（州）人民政府生态环境主管部门及其派出机构等，各省（区、市）级以上主要相关的黑河流域水资源管理机构关系如图 4-1 所示。

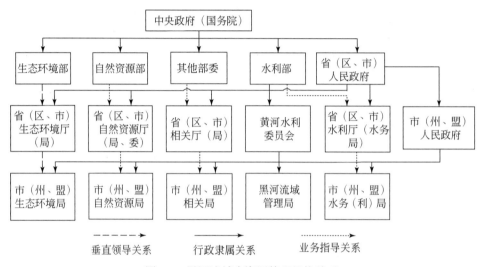

图 4-1　黑河流域水资源管理机构关系

结合目前黑河流域水资源管理工作的实际情况，本书列出主要相关机构的职责。

4.2.1　与黑河流域水资源管理相关部委的职责

与黑河流域水资源管理相关部委及其主要职责见表 4-1。

表 4-1　黑河流域水资源管理相关部委及其主要职责

部　委	主要职责
国家发展和改革委员会	参与编制生态建设、环境保护规划，协调生态建设、能源资源节约和综合利用的重大问题；参与编制水资源平衡与节约规划、生态建设与环境整治规划；提出西部地区重点基础设施建设、生态环境建设、重大项目布局等建议并协调实施；参与编制环境保护规划等

部 委	主要职责
水利部	保障水资源的合理开发利用；负责生活、生产经营和生态环境用水的统筹与保障；按规定制定水利工程建设有关制度并组织实施，负责提出中央水利固定资产投资规模、方向、具体安排建议并组织指导实施，按国务院规定权限审批、核准国家规划内和年度计划规模内固定资产投资项目，提出中央水利资金安排建议并负责项目实施的监督管理；指导水资源保护工作；负责节约用水工作；指导水文工作；指导水利设施、水域及其岸线的管理、保护与综合利用；指导监督水利工程建设与运行管理；负责水土保持工作；指导农村水利工作；指导水利工程移民管理工作；负责重大涉水违法事件的查处，协调和仲裁跨省（自治区、直辖市）水事纠纷，指导水政监察和水行政执法；开展水利科技和外事工作；负责落实综合防灾减灾规划相关要求，组织编制洪水干旱灾害防治规划和防护标准并指导实施等
自然资源部	履行全民所有包括土地、湿地、水等自然资源资产所有者职责和所有国土空间用途管制职责；自然资源调查监测评价、统一确权登记及合理开发利用；自然资源资产有偿使用工作；建立空间规划体系并监督实施；统筹国土空间生态修复；组织实施最严格的耕地保护制度；监督管理地下水过量开采及引发的地面沉降等地质问题；开展自然资源国际合作等
生态环境部	负责建立健全生态环境基本制度；负责重大生态环境问题的统筹协调和监督管理；负责监督管理国家减排目标的落实；负责提出生态环境领域固定资产投资规模和方向、国家财政性资金安排的意见，按国务院规定权限审批、核准国家规划内和年度计划规模内固定资产投资项目，配合有关部门做好组织实施和监督工作；负责环境污染防治的监督管理；指导协调和监督生态保护修复工作；负责生态环境准入的监督管理；负责生态环境监测工作；组织开展中央生态环境保护督察；统一负责生态环境监督执法；组织指导和协调生态环境宣传教育工作，制定并组织实施生态环境保护宣传教育纲要，推动社会组织和公众参与生态环境保护；开展生态环境国际合作交流等
住房和城乡建设部	城市建设司指导城市供水、节水等工作；指导城镇污水处理设施和管网配套建设等
农业农村部	乡村产业发展司组织协调乡村产业发展；种植业管理司指导种植业结构和布局调整、组织运用工程、农艺、生物等措施发展节水农业，拟订节水农业发展的政策与规划并组织实施等

4.2.2 黄河水利委员会

黄河水利委员会是水利部派出的流域管理机构，在黄河流域和新疆、青海、甘肃、内蒙古内陆河区域内（以下简称流域内）依法行使水行政管理职责，是具有行政职能的事业单位，其主要职责包括了 11 个方面①。

1）负责保障流域水资源的合理开发利用。受部委托组织编制流域或流域内跨省（自治区、直辖市）的江河湖泊的流域综合规划及有关的专业或专项规划并监督实施；拟订流域性的水利政策法规。组织开展流域控制性水利项目、跨省（自治区、直辖市）重要水利项目与中央水利项目的前期工作。根据授权，负责流域内有关规划和中央水利项目的审查、审批及有关水工程项目的合规性审查。对地方大中型水利项目进行技术审核。负责提出流域内中央水利项目、水利前期工作、直属基础设施项目的年度投资计划并组织实施。组织、指导流域内有关水利规划和建设项目的后评估工作。

2）负责流域水资源的管理和监督，统筹协调流域生活、生产和生态用水。负责《黄河水量调度条例》的实施并监督检查。受部委托组织开展流域水资源调查评价工作，按规定开展流域水能资源调查评价工作。按照规定和授权，组织拟订流域内省际水量分配方案和流域年度水资源调度计划及旱情紧急情况下的水量调度预案并组织实施，组织开展流域取水许可总量控制工作，组织实施流域取水许可和水资源论证等制度，按规定组织开展流域和流域重要水工程的水资源调度。

3）负责流域水资源保护工作。组织编制流域水资源保护规划，组织拟订跨省（自治区、直辖市）江河湖泊的水功能区划并监督实施，核定水域纳污能力，提出限制排污总量意见，负责授权范围内入河排污口设置的审查许可；负责省界水体、重要水功能区和重要入河排污口的水质状况监测；指导协调流域饮用水水源保护、地下水开发利用和保护工作。指导流域内地方节约用水和节水型社会建设有关工作。

4）负责防治流域内的水旱灾害，承担流域防汛抗旱总指挥部的具体工作。组织、协调、监督、指导流域防汛抗旱工作，按照规定和授权对重要的水工程实施防汛抗旱调度和应急水量调度。组织实施流域防洪论证制度。组织制定流域防御洪水方案并监督实施。指导、监督流域内蓄滞洪区的管理和运用补偿工作。按规定组织、协调水利突发公共事件的应急管理工作。

5）指导流域内水文工作。按照规定和授权，负责流域水文水资源监测和水文

---

① 水利部黄河水利委员会机构职能. http://www.yrcc.gov.cn/zwzc/zjhw/znjg/201108/t20110810_26215.html [2019-4-28]。

站网的建设和管理工作。负责流域重要水域、直管江河湖库及跨流域调水的水量水质监测工作,组织协调流域地下水监测工作。发布流域水文水资源信息、情报预报、流域水资源公报和流域泥沙公报。

6)指导流域内河流、湖泊及河口、海岸滩涂的治理和开发;按照规定权限,负责流域内水利设施、水域及其岸线的管理与保护以及重要水利工程的建设与运行管理。指导流域内所属水利工程移民管理有关工作。负责授权范围内河道范围内建设项目的审查许可及监督管理。负责直管河段及授权河段河道采砂管理,指导、监督流域内河道采砂管理有关工作。指导流域内水利建设市场监督管理工作。

7)指导、协调流域内水土流失防治工作。组织有关重点防治区水土流失预防、监督与管理。按规定负责有关水土保持中央投资建设项目的实施,指导并监督流域内国家重点水土保持建设项目的实施。受部委托组织编制流域水土保持规划并监督实施,承担国家立项审批的大中型生产建设项目水土保持方案实施的监督检查。组织开展流域水土流失监测、预报和公告。

8)负责职权范围内水政监察和水行政执法工作,查处水事违法行为;负责省际水事纠纷的调处工作。指导流域内水利安全生产工作,负责流域管理机构内安全生产工作及其直接管理的水利工程质量和安全监督;根据授权,组织、指导流域内水库、水电站大坝等水工程的安全监管。开展流域内中央投资的水利工程建设项目稽查。

9)按规定指导流域内农村水利及农村水能资源开发有关工作,负责开展水利科技、外事和质量技术监督工作;承担有关水利统计工作。

10)按照规定或授权负责流域控制性水利工程、跨省(自治区、直辖市)水利工程等中央水利工程的国有资产的运营或监督管理;研究提出直管工程和流域内跨省(自治区、直辖市)水利工程供水价格及直管工程上网电价核定与调整的建议。

11)承办水利部交办的其他事项。

由此,黄河水利委员会的职责中除有特别指向外,均适用于黑河流域。

4.2.3 黑河流域管理局

1996 年 4 月水利部在黄河水利委员会成立了黑河流域管理局筹备组。1999 年根据中央机构编制委员会办公室《关于水利部黄河水利委员会黑河流域管理局机构编制的批复》（中编办字［1999］7 号）精神，正式成立黑河流域管理局。2000 年1 月，黑河流域管理局在甘肃省兰州市正式挂牌成立，标志着黑河流域水资源统一管理及黑河干流水量调度工作正式启动。根据中央相关文件批复精神，黑河流域管理局作为黄河水利委员会的派出机构，经由黄河水利委员会授权，行使黑河流域水行政主管部门职能，其主要职责包括了 8 个方面[①]。

1）负责《中华人民共和国水法》等有关法律、法规的实施和监督检查，制定流域性的政策和法规。

2）负责流域综合规划及各专业规划的编制并组织实施。

3）负责黑河水资源的统一管理和调度；在管理范围内负责组织实施取水许可和水资源论证等制度；编制水量分配方案和年度分水计划，检查监督流域水量分配计划的执行情况。

4）负责组织流域内重要水利工程的建设、运行调度和管理；负责安全生产工作及直管工程建设质量与安全监督工作。

5）负责职权范围内的水政监察、水行政执法和水行政复议工作，协调处理流域内省（自治区）际及有关单位之间的水事纠纷。

6）代表黄河水利委员会行使对甘肃河西走廊地区石羊河、疏勒河的行业管理权。

7）按照规定或授权，负责管理范围内国有资产的监管和运营；负责管理范围内资金的使用、检查和监督。

8）完成上级授权与交办的其他工作。

4.2.4 黑河流域综合治理联席会议制度

根据国务院关于《黑河流域近期治理规划》的批复及《黑河干流省际用水水事协调规约》，黑河流域综合治理和水资源统一调度事关流域内青海、甘肃、内蒙古三省（自治区）和酒泉卫星发射中心经济、社会发展和生态环境保护，涉及水利、林业、环保、农业、国土资源和国防等部门。联席会议应由水利部牵头，相关

---

① 黄河水利委员会黑河水利管理局单位职能 . http://hrb. yrcc. gov. cn/category/jgzn ［2019-5-9］。

部门和青海、甘肃、内蒙古三省（自治区）人民政府及黄河水利委员会参加，共同协商解决黑河流域综合治理的重大问题。

1）联席会议的主要任务是研究贯彻落实国务院关于黑河问题的决议和指示；拟定黑河流域管理的有关政策法规；审议流域综合治理规划和实施计划；审议黑河水量分配方案；需要协商解决的其他重大问题。

2）联席会议议定的事项由有关部门和省（自治区）在各自职责范围内分别组织实施。议定事项的落实情况由黄河水利委员会督办。

4.3 存 在 问 题

尽管黑河流域管理体制在机构设置、制度建设和操作运行等方面都取得了长足的进展，但就其管理和运行实效上来讲，还存在以下几个方面的明显短板和不足。

4.3.1 黑河流域管理局的法律地位和权限配置有限

根据现行体制，黑河流域管理局系黄河水利委员会派出机构，且黄河水利委员会又系水利部的派出机构。在双重授权下，黑河流域管理局难以独立承担流域综合管理的职能。黑河流域管理局行使的职权是通过黄河水利委员会的授权进行的。鉴于现行体制，黄河水利委员会本身作为水利部派出机构，相关权限依托于水利部授权而非法律规定，因此其对黑河流域管理局的再授权受制于水利部授权、法律禁止性规定及黄河水利委员会本身的利益考量。

4.3.2 流域管理与区域管理结合不易

黑河流域管理局需要通过协调地方政府及其水务部门、用水单位及用水户行使其水资源管理和调度任务，但黑河流域管理局与上述部门和单位并不存在隶属关系，现行法律法规也没有明确其地位进行授权，在管理职责和权限方面没有明确的法律界定，难以建立涵盖全流域的考核奖惩机制，水量调度责任制的落实缺乏操作性较强的方式，造成在具体实践中，面对流域水资源固有的短缺现状及流域整体生态环境天然的脆弱实际，流域利益和区域利益容易产生冲突。2012 年 4 月黑河调水期间，课题组对黑河上中下游部分地区进行了实地调研，发现中下游的用水矛盾仍然存在，黑河流域管理局协调处理这些矛盾难度比较大。2013 年 11 月，课题组对用水矛盾突出的黑河干流中游地区，包括甘州区、高台县、临泽县再次开展了实地调研，通过机构访谈和入户访谈，发现黑河流域管理局和地方水务部门的联系主要发生在调水事务上，具有阶段性，和其他部门诸如法制、环保、农牧等的联系比较少。在张掖市，灌溉与调水的矛盾仍然存在，但因缺乏相应的补偿机制，其区域利益与流域利益在一定程度上存在不协调。因此，到底以流域和区域哪个为主或者如何建立流域和区域的有效协调机制来实现流域与区域相结合的流域水资源统一管理模式，就显得尤为重要和紧迫。

4.3.3　黑河流域综合治理联席会议制度运行困难

虽然国务院在《关于黑河流域近期治理规划的批复》中确立了由水利部牵头，国家发展和改革委员会等部门和各省（自治区）人民政府和黄河水利委员会参加的联席会议制度，以协商解决黑河流域综合治理的重大问题，但截至目前，没有召开过一次联席会议。显然不是黑河流域没有综合治理的重大问题或水事矛盾，而是该制度不具有可解决问题的现实可操作性。由此看来，黑河流域综合治理联席会议制度并没有真正发挥其作用，黑河流域一些重大问题也无法通过联席会议的形式充分协商以有效解决（李大鹏等，2016）。

第5章 | 黑河流域水资源管理制度评述

根据《中华人民共和国立法法》的规定，全国人民代表大会和全国人民代表大会常务委员会享有国家立法权。其中全国人民代表大会制定的《中华人民共和国宪法》是所有层级法律的立法依据和根本大法，全国人民代表大会常务委员会制定的法律是各省（自治区、直辖市）制定相应实施细则的基本法和参考依据，因此，本研究将《中华人民共和国宪法》和法律中与黑河流域水资源管理有关的内容放在一起做国家立法述评①，具体如下。

5.1 国家法律评述②

5.1.1 相关立法

根据《中华人民共和国立法法》的规定，对我国享有国家立法权的与黑河流域管理相关的全国人民代表大会和全国人民代表大会常务委员会制定的相关法律分别进行梳理。

1）全国人民代表大会于1982年通过并于2018年第五次修正的《中华人民共和国宪法》。

其中与本研究最相关的规定是第九条：矿藏、水流、森林、山岭、草原、荒地、滩涂等自然资源，都属于国家所有，即全民所有；由法律规定属于集体所有的森林和山岭、草原、荒地、滩涂除外。国家保障自然资源的合理利用，保护珍贵的动物和植物。禁止任何组织或者个人用任何手段侵占或者破坏自然资源。

---

① 本书重点选取的是截至2014年1月依然实行的相关法律法规（对2014年之后修订的相关法律法规不进行全面评述，只针对相关内容进行具体说明）。

② 本章在徐辉和张大伟（2007）的基础上，进行了更新、补充和完善。

2）全国人民代表大会常务委员会制定的相关法律。主要包括：《中华人民共和国环境保护法》《中华人民共和国水土保持法》《中华人民共和国水污染防治法》《中华人民共和国防洪法》《中华人民共和国水法》和《中华人民共和国环境影响评价法》等。其他的法律也涉及一些与流域相关的内容，如《中华人民共和国矿产资源法》《中华人民共和国防沙治沙法》《中华人民共和国农业法》《中华人民共和国草原法》《中华人民共和国土地管理法》《中华人民共和国野生动物保护法》和《中华人民共和国固体废物污染环境防治法》等，见表5-1。

表5-1　与本研究相关的国家立法

类别	相关法律	通过和修改时间
直接与水/流域相关的法律	《中华人民共和国水污染防治法》①	1984年通过，1996年第一次修正，2008年修订
	《中华人民共和国水法》②	1988年通过，2002年修订，2009年第一次修正
	《中华人民共和国环境影响评价法》③	2002年通过
	《中华人民共和国防洪法》④	1997年通过，2009年第一次修正
	《中华人民共和国水土保持法》	1991年通过，2010年修订
	《中华人民共和国环境保护法》⑤	1989年通过
其他涉及流域的相关法律	《中华人民共和国土地管理法》	1986年通过，1988年第一次修正，1998年修订，2004年第二次修正
	《中华人民共和国野生动物保护法》⑥	1988年通过，2004年第一次修正，2009年第二次修正
	《中华人民共和国固体废物污染环境防治法》⑦	1995年通过，2004年修订，2013年第一次修正
	《中华人民共和国农业法》	1993年通过，2002年修订，2009年第一次修正，2012年第二次修正
	《中华人民共和国草原法》	1985年通过，2002年修订，2009年第一次修正，2013年第二次修正

---

① 2017年6月《中华人民共和国水污染防治法》第二次修正通过。

② 2016年7月《中华人民共和国水法》第二次修正通过。

③ 2016年7月《中华人民共和国环境影响评价法》第一次修正通过，2018年12月第二次修正通过。

④ 2015年4月《中华人民共和国防洪法》第二次修正通过，2016年7月第三次修正通过。

⑤ 2014年4月《中华人民共和国环境保护法》修订通过。

⑥ 2016年7月《中华人民共和国野生动物保护法》修订通过，2018年《中华人民共和国野生动物保护法》第三次修正通过。

⑦ 2015年4月《中华人民共和国固体废物污染环境防治法》第二次修正通过，2016年11月第三次修正通过。

类别	相关法律	通过和修改时间
其他涉及流域的相关法律	《中华人民共和国防沙治沙法》①	2001 年通过
	《中华人民共和国矿产资源法》	1986 年通过，1996 年第一次修正，2009 年第二次修正

5.1.2　立法评述

由于国家立法涉及面广、原则性强，对相关的国家立法运用定性研究和法律要素评估（Hannam，2003）相结合的方法进行半定量的梳理，辅之以司法实践角度进行综合评判，以作为对黑河流域最严格水资源管理法规体系建设的参考。

（1）全国人民代表大会制定的法律评价

对 1982 年通过的《中华人民共和国宪法》中的相关内容评价如下。

1）《中华人民共和国宪法》首先确定了我国自然资源所有权的归属问题，由此看出，我国目前实行的是公共水权法律制度，公共水权的行使通过《中华人民共和国水法》第三条进一步明确：水资源属于国家所有。水资源的所有权由国务院代表国家行使。农村集体经济组织的水塘和由农村集体经济组织修建管理的水库中的水，归各该农村集体经济组织使用。公共水权理论包括三个原则：所有权与使用权分离；水资源的开发和利用必须服从国家的经济计划和发展规划；水资源的配置和水量分配一般通过行政手段进行分配（杨志峰等，2003）。分析这三个原则，公共水权法律制度有它的优点，如对水资源的开发和利用是从国家的整体规划进行考虑的。但是，也容易出现以下问题：从我国的司法实践来看，自然资源的所有权主体在现实中常出现缺位，进一步导致自然资源的使用者更关注如何通过占有和使用获得最大的利益而不是考虑如何能够实现自然资源的永续利用。司法实践反证了立法在这方面存在的不足；过分应用行政手段调整自然资源的配置，往往会导致以下几种情形：第一，行政手段过于硬性而弹性不足，如果守法成本大于违法成本，那么"经济人"一般会选择违法，从而严重影响法律的执行，违背法律追求的生态目标；第二，"如何相对公平地分配自然资源"这个问题可能会牵制政府更多的精力（通

---

① 2018 年 10 月《中华人民共和国防沙治沙法》修正通过。

过市场配置可能会更有效率），而"如何制定交易规则和制度"等这类应该由政府做的事情往往因为政府精力有限而没有做好；第三，政府即使煞费苦心制定了分配方案，但是利益相关者（包括流域管理机构、国家相关行政主管部门、地方政府、地方行政主管部门、流域资源的使用者等）可能都不是很满意分配方案（因为每个利益相关者都希望自己的利益最大化），从而容易导致他们之间产生冲突；第四，如果冲突处理得不好，一旦利益相关者都倾向于"非赢即输"的选择，而不做任何妥协和让步，不期待共赢，那么可能导致大家都不遵守资源配置方案而各自为政，此时法不责众，自然资源的开发和利用等就会背离流域可持续发展的目标。

2）《中华人民共和国宪法》要求任何组织或者个人都有不得侵占或破坏自然资源的义务，但是，流域内上游和下游内部及它们之间广泛存在的利益冲突集中揭示了相关利益主体重权利而轻义务的问题。

3）《中华人民共和国宪法》更多的是一些纲领性和指示性的规定，因此对以上这些问题的解决方案融合在全国人民代表大会常务委员会制定的法律中，应该是比较好的选择。

4）2018年《中华人民共和国宪法修正案》，在序言第七段中将"推动物质文明、政治文明和精神文明协调发展，把我国建设成为富强、民主、文明的社会主义国家"修改为"推动物质文明、政治文明、精神文明、社会文明、生态文明协调发展，把我国建设成为富强民主文明和谐美丽的社会主义现代化强国，实现中华民族伟大复兴"。其中，把生态文明建设写入《中华人民共和国宪法》有利于全方位、全领域、全过程开展生态环境保护工作。

（2）全国人民代表大会常务委员会制定的法律评价

《中华人民共和国水法》规定的水资源包括了地表水和地下水，但从其内容来看，更侧重于保护地表水，且只有第二十三条、第二十五条、第三十条、第三十一条和第三十六条特别强调了对地下水的保护。《中华人民共和国水污染防治法》虽然适用于地表水体及地下水体的污染防治，但是也仅有第二十七条、第四十条、第四十一条、第四十二条、第四十三条、第五十八条、第六十九条和第八十五条特别强调了防止地下水污染。关于地下水的规定，2017年修改通过的《中华人民共和国水污染防治法》相较于2008年修订的版本来说有所改进，增加了"化学品生产企业以及工业集聚区、矿山开采区、尾矿库、危险废物处置场、垃圾填埋场等的运营、管理单位，应当采取防渗漏等措施，并建设地下水水质监测井进行监测，防止地下水污染。"以及"加油站等的地下油罐应当使用双层罐或者采取建造防渗池等其他有效措施,并进行防渗漏监测,防止地下水污染。"地下水作为全球水资源的重要组成部分,是举足轻重的供水水源,是生态系统的重要支撑,是维持水系良性循环的重要保障,对我国国民经济和社会发展、安全供水保障具有十分重要的作用。但是由于它具有埋藏性和系统复杂性,长期受到忽视,地下水污染所造成的生态环境破坏对人体健康的危害更长久、更深远,并将长期制约经济发展,影响可持续发展进程(李俊,2012)。而且因地下水的过分超采等综合因素的影响,已经出现了非常严重的生态和社会问题,如甘肃省民勤县不仅成为全国最干旱、荒漠化最严重的地区之一,也成为我国北方地区的沙尘暴四大发源地之一,严峻的现实迫切要求加强地下水环境的法律保护。

《中华人民共和国环境保护法》第四条:"国家采取有利于节约和循环利用资源、保护和改善环境、促进人与自然和谐的经济、技术政策和措施,使经济社会发展与环境保护相协调。"第二十条:"国家建立跨行政区域的重点区域、流域环境污染和生态破坏联合防治协调机制,实行统一规划、统一标准、统一监测、统一的防治措施。"《中华人民共和国水法》第四条:"开发、利用、节约、保护水资源和防治水害,应当全面规划、统筹兼顾、标本兼治、综合利用、讲求效益,发挥水资源的多种功能,协调好生活、生产经营和生态环境用水。"这些规定都体现了对社会、经济和生态需要进行综合考虑的理念,但是法律对没有遵守环境保护规划,没有协调好生活、生产经营和生态环境用水的法律关系的主体并没有明确应该承担什么样的法律责任,从而使法律的实施力度大打折扣。例如,现实中,大多数地区都存在将有限的水资源优先分配给能产生更多经济效益的工业或者农业,能够兼顾到生活用水,对生态环境用水顾及得非常少,即使有,也是更多地顾及景观用水,结果造成许多地方的生态危机,危及区域安全乃至国家安全。再如,对流域生态用水的考虑,《中华人民共和国水法》第三十条提到:应当注意维持江河的合理流量和湖泊、水库以及地下水的合理水位,维护水体的自然净化能力。但是对何为合理没有确定一个明确的标准,易造成在实践中无法操作的尴尬局面。

2014年4月修订通过的《中华人民共和国环境保护法》,自2015年1月1日起施行,体现了十八届三中全会提出的建设生态文明,建立最严格制度的要求,确立了其在环境保护领域的基础性、综合性法律的地位,在建立生态环境保护法律机制方面实现了重大突破(吕忠梅,2014)。新《中华人民共和国环境保护法》的公布，将政府"坚决向污染宣战"的决心落到了实处（周珂和陈微，2014）。由于新《中华人民共和国环境保护法》在一开始就被冠以"史上最严环保法"，被社会各界的接受程度、遵守程度、执行力度，以及对违法者的威慑力、发挥的作用和影响，在环保法治史上都是史无前例的（王灿发，2016）。新《中华人民共和国环境保护法》增加了具体的环保执法手段、细化了环评制度等（王寒晋，2017）。尽管如此，新《中华人民共和国环境保护法》实施过程中仍然存在自身不足、环境保护基础法地位不够、环境监管体制不健全、配套法规和规章出台缓慢、面临着从"管控法"向"共治法"转变等问题（常纪文，2015；王灿发，2016；刘新民等，2015）。

从法律规定来看，对流域生态系统内水、土地及植被等组分综合考虑得较多，而对气候、其他生物等组分综合考虑得较少，法律之间的相互支持不够。例如，《中华人民共和国土地管理法》第二十三条规定："江河、湖泊综合治理和开发利用规划，应当与土地利用总体规划相衔接。"《中华人民共和国水法》第九条："国家保护水资源，采取有效措施，保护植被，植树种草，涵养水源，防治水土流失和水体污染，改善生态环境。"《中华人民共和国草原法》第二十条："草原保护、建设、利用规划应当与土地利用总体规划相衔接，与环境保护规划、水土保持规划、防沙治沙规划、水资源规划、林业长远规划、城市总体规划、村庄和集镇规划以及其他有关规划相协调"。《中华人民共和国防洪法》第十八条："防治江河洪水，应当保护、扩大流域林草植被，涵养水源，加强流域水土保持综合治理。"

考察《中华人民共和国水法》《中华人民共和国水污染防治法》《中华人民共和国防洪法》和《中华人民共和国水土保持法》等法律，流域管理涉及多部门参与，综合起来，多部门包括国务院或其授权的部门、流域管理机构，国务院水行政主管部门，国家生态环境保护行政主管部门、河道和湖泊管理机构，各级人民政府的生态环境保护和土地部门，渔业、农业、林业、交通部门的航政机关、水利、卫生、市政管理等行政主管部门，重要江河的水源保护机构和其他部门等。法律对各部门协作的规定，在一定程度上有利于通过分解所有权的权能落实所有权的行使。但是存在以下问题：第一，法律规定不明确，造成司法实践执行难。在体现多部门参与中，会同和协同出现较多，但是何为会同或协同，法律没有加以解释，比较模糊，是一个部门做某项决策后象征性地征求其他部门的意见，还是必须征求其他部门的意见并进行理性分析进而采纳的过程，或者是以一个部门为主和其他相关部门一同进行决策，这种对多部门参与中会同和协同的不同理解往往导致司法实践中部门之间因为利益发生扯皮现象。第二，法律有规定，但不同法律的规定之间，内容有交叉，造成法律适用上的困难。如，对于私设暗管排放水污染物的行为，按照《中华人民共和国水污染防治法》第八十三条的规定，"违反本法规定，超过水污染物排放标准排放水污染物的或者私设暗管排放水污染物的，由县级以上人民政府环境保护主管部门责令改正或者责令限制生产、停产整治，并处十万元以上一百万元以下的罚款；情节严重的，报经有批准权的人民政府批准，责令停业、关闭。"而根据《中华人民共和国环境保护法》第六十三条的规定，"企业事业单位和其他生产经营者通过暗管等逃避监管的方式违法排放污染物，尚不构成犯罪的，除依照有关法律法规规定予以处罚外，由县级以上人民政府环境保护主管部门或者其他有关部门将案件移送公安机关，对其直接负责的主管人员和其他直接责任人员，处十日以上十五日以下拘留；情节较轻的，处五日以上十日以下拘留。"管理机构在流域管理上的权力不确定，造成流域水问题特别是跨界水问题的调处困难；管理机构同时拥有执法、监督权，难以保证法律法规的效力；机构间的水质监测职责重置、水资源管理法律法规中部门倾向明显，影响了法律效力等。第三，应然性条款过多且刚性不足，造成环境保护行政执法的困难。第四，法律之间的协调有待加强，如《中华人民共和国环境保护法》在其实施过程中，农业、林业、海洋、国土资源等部门以生态保护适用已有专项法为由而拒绝适用新《中华人民共和国环境保护法》的相关规定（常纪文，2015）。

从上述法律的立法过程来看，大多数法律的起草、拟订都是从某个行政主管部门开始的，不可避免地，法律除了具有该部门的利益倾向外，还受到该部门学科知识背景的限制。从司法实践来看，流域相关机构之间在信息共享以及彼此进行必要的技术援助，特别是在与高校及科研院所联合进行技术攻关等合作方面做得还不够，使在流域管理中，不能有效地采用多学科的知识和方法处理复杂的流域问题。

从法律规定来看，运用行政调整机制比较多，其存在的弊端在本节评述《中华人民共和国宪法》时已经谈到。对市场调整机制有所涉及，现实中也开展了水权交易，但是与市场机制能够起到的作用相比来看显然是远远不够的，应该在法律中提倡建立和完善市场机制，充分发挥市场的调节作用，政府和立法机构则主要通过制定相关的政策和法律，如制定税收减免政策和信贷扶持政策等金融政策、完善财政支付转移制度、加强对生态补偿费制定的指导等引导市场的健康发展，起宏观调控作用。这样为各相关利益主体通过谈判这种最简便、快捷、低成本的冲突解决方式

（杨志峰等，2003）来避免、缓解和解决矛盾，实现共赢提供了支撑。法律对社会调整机制（蔡守秋，2004）的规定比较少，尽管目前的法律规定上越来越多地体现了公众参与，但是诸如公众参与的程序、环境公益诉讼提起的具体条件等，仍需进一步细化来增强其可操作性（常纪文，2015）。

法律体现了对流域与区域进行统一管理的思想，但是不足以指导实践。例如，《中华人民共和国防洪法》第五条："防洪工作按照流域或者区域实行统一规划、分级实施和流域管理与行政区域管理相结合的制度。"《中华人民共和国水污染防治法》第十六条："防治水污染应当按流域或者按区域进行统一规划。"《中华人民共和国水法》第十二条："国家对水资源实行流域管理与行政区域管理相结合的管理体制。"但是，对流域管理与行政区域管理相结合的规定让我们产生疑问，是以流域管理为主还是以行政区域管理为主？两者如何有机地结合起来？法律规定的不确定性和流域机构的效力、现行的流域管理体制等综合因素的影响，流域管理机构在现实中很难真正发挥协调和管理等有关法律法规赋予它的职权，而是更多地进行相关的科研工作并提出建议。而各区域也因地区利益、缺乏利益协调机制等综合因素的影响，很难站在全流域统一的角度进行决策。流域与区域的高度有效统一不仅是流域相关的法律、法规得以贯彻落实的关键，更是实现流域可持续发展的关键。

几乎所有的法律都规定了一切单位和个人都有依法保护自然资源的义务，同时国家鼓励这种行为，并且通过环境教育的方式，普及环境保护知识。《中华人民共和国环境影响评价法》是该领域的代表。值得一提的是，2018年4月16日由生态环境部部务会议审议通过，2018年7月16日公布，自2019年1月1日起施行的《环境影响评价公众参与办法》，旨在规范环境影响评价公众参与和保障公众环境保护知情权、参与权、表达权和监督权。该办法对环境影响评价公众参与遵循的原则、范围进行了明确规定，并进一步优化了参与程序，实施分类公众参与、强化对公众参与的保障和监督等。

为了实现流域的可持续发展，生态移民是不可避免的，但是如何安置生态移民、保障他们的合法权益是重点和难点。法律体现了对生态移民的保护，但是对前期的职业培训等工作重视不够，往往导致后期缺乏生活保障，影响生态移民的效果乃至社会稳定。例如，《中华人民共和国水法》第二十九条："国家对水工程建设移民实行开发性移民的方针，按照前期补偿、补助与后期扶持相结合的原则，妥善安排移民的生产和生活，保护移民的合法权益。"我们认为要切实安排生态移民的生产和生活，仅仅有前期的补偿是不够的，因为资金是非常有限的，即使提高补偿费用，提高的幅度也是有限的，一旦按照实物补偿的话，他们就没有更多的资金来安排以后的生活。同样，对他们的后期扶持也不可能是长期的，扶持力度也是有限的，这样一来就解决不了移民的根本问题。只有与前期对生态移民进行适当的职业培训相结合，让他们掌握一技之能，在后期为他们提供一定的就业机会，才能从根本上保障生态移民的合法权益。

责任的可诉性存在缺失。按照产生纠纷的主体和纠纷的性质划分，一种是在不同行政区域之间的行政争端，另一种是在个人之间、个人和单位之间的民事纠纷。不同区域之间的跨界纠纷的解决途径往往是先行协商，协商不成时，由上一级人民政府调解或做出裁决，但是如果当事人对裁决不满意可否提起诉讼、哪些法院有管辖权，法律并没有明确规定。

通过以上对中国现行的与本研究相关的国家立法进行梳理和综合分析，总的来说，中国在流域立法领域初步形成了以《中华人民共和国宪法》为指导，以《中华人民共和国环境保护法》《中华人民共和国水法》《中华人民共和国防洪法》《中华人民共和国水污染防治法》《中华人民共和国水土保持法》和《中华人民共和国环境影响评价法》为主，其他相关法律为补充的较为系统的，旨在促进、实现和保障流域可持续发展的国家立法。其建立在生态系统管理的基础上，从流域全局出发，统筹安排，综合管理，合理利用和保护流域内各种资源和环境，对实现全流域综合效益最大和社会经济的可持续发展的流域生态系统管理（仇蕾等，2004）的先进理念有所体现，但是还存在差距，必须通过适时和合理的修改才能够支持流域的可持续发展，也才能为流域立法保障提供重要的支持。将新时期可持续发展治水思路法律化、制度化，全面推进依法行政和依法治水，形成水利长效发展的体制机制，特别是筑造流域可持续发展的科学可靠的法治根基，加强流域管理立法显得尤为紧迫和重要（纪平，2011）。

5.2　流域水资源管理其他相关制度评述

在认真梳理现行的黑河流域水资源管理相关制度后，不难发现其规范内容主要集中在规划、水量分配、水量调度、取水许可和水事纠纷的协调处理五个方面，这五个方面的内容在行政法规、部门规章、地方性法规和省政府规章及其他规范性文件中的不同层级或某一层级上有不同程度地体现，所以本研究认为按照制度内容分别做评价更有意义。通过资料调研和机构访谈，列出在实践工作中具有重要性和代表性的黑河流域水资源管理相关制度，见表5-2。

表 5-2　黑河流域水资源管理其他相关制度

文件名称	制定机关	出台时间
《黑河流域近期治理规划》	国务院（批复）	2001 年
关于审批《黑河干流（含梨园河）水利规划报告》的复函	国家计划委员会	1992 年
关于实施《黑河干流水量分配方案》有关问题的函	水利部	1997 年
《黑河干流水量调度管理暂行办法》①	水利部	2000 年通过
《黑河干流水量调度管理办法》	水利部	2009 年通过
《黑河干流省际用水水事协调规约》	黄河水利委员会黑河流域管理局和甘肃、内蒙古两省（自治区）水利厅	2000 年
《取水许可和水资源费征收管理条例》②	国务院	2006 年通过
《国务院关于实行最严格水资源管理制度的意见》	国务院	2012 年印发
《关于国际跨界河流、国际边界河流和跨省（自治区）内陆河流取水许可权限的通知》	水利部	1996 年印发
《关于委托黑河流域管理局实施黄委管理范围内黑河取水许可管理工作的通知》	黄河水利委员会	2007 年印发
《黑河取水许可管理实施细则（试行）》	黄河水利委员会	2010 年
《青海省实施〈中华人民共和国水法〉办法》③	青海省人大常委会	1993 年通过，2005 年第一次修订，2011 年第一次修正
《甘肃省实施〈中华人民共和国水法〉办法》	甘肃省人大常委会	1990 年通过，1997 年第一次修正，2004 年修订，2010 年第二次修正，2012 年第三次修正

---

① 2009 年 5 月 13 日废止。

② 2017 年 3 月《取水许可和水资源费征收管理条例》修改通过。

③ 2018 年 3 月《青海省实施〈中华人民共和国水法〉办法》第二次修正通过。

续表

文件名称	制定机关	出台时间
《内蒙古自治区实施〈中华人民共和国水法〉办法》	内蒙古自治区人大常委会	2004 年通过
《青海省取水许可和水资源费征收管理办法》	青海省人民政府	2006 年通过
《甘肃省取水许可和水资源费征收管理办法》①	甘肃省人民政府	2010 年通过
《内蒙古自治区取水许可和水资源费征收管理实施办法》②	内蒙古自治区人民政府	2007 年通过
内蒙古自治区《关于实行最严格水资源管理制度的实施意见》	内蒙古自治区水利厅	2014 年
青海省《关于实行最严格水资源管理制度的意见》	青海省人民政府	2012 年印发
《甘肃省实行最严格的水资源管理制度办法》③	甘肃省人民政府	2011 年印发

5.2.1 规划及其评述

(1) 相关规定

1）2001 年 2 月 21 日，国务院召开第 94 次总理办公会议，专题研究黑河水资源问题及其对策。这是摆到国务院总理办公会议上的第一条中国内陆河治理问题。根据会议精神，国务院批复了《黑河流域近期治理规划》，提出了黑河流域综合治理的指导思想，即建立健全流域水资源统一管理调度体制，建设水资源监测、预报信息系统；建设山区水库等骨干调蓄工程、输配水利工程和跨流域调水工程；建立国家级农业高效节水和生态保护示范区，调整经济结构，全面推行节水；切实加强生态绿洲保护与建设。其核心内容包括：以国家已批准的水量分配方案为依据，按照分步实施、逐步到位的原则，采取综合措施，逐年增加正义峡下泄水量；建立健全流域统一管理与行政区域管理相结合的管理体制，明确事权划分。明确黑河流域

---

① 《甘肃省取水许可和水资源费征收管理办法》经 2014 年 6 月 20 日甘肃省人民政府第 50 次常务会议讨论通过，2014 年 6 月 21 日甘肃省人民政府令第 110 号公布。2010 年甘肃省人民政府第 67 号令发布的《甘肃省取水许可和水资源费征收管理办法》予以废止。

② 2018 年 1 月《内蒙古自治区取水许可和水资源费征收管理实施办法》修正通过。

③ 自 2011 年 7 月 1 日起施行，有效期五年，已过有效期。

管理局在黑河水资源统一管理中的职责，明确流域内各省（自治区）实行区域用水总量控制行政首长负责制，各级人民政府按照黄河水利委员会黑河流域管理局制定的年度分水计划，负责各自辖区的用配水管理，采取综合措施，确保3年内实现国家确定的水量分配方案及各项控制指标；充分运用经济杠杆，促进节约用水；以水定发展，积极稳妥地进行经济结构调整，严格控制兴建耗水量大和污染严重的建设项目，不再扩大农田灌溉面积。2003年以前黑河干流甘肃省境内要完成32万亩农田退耕、自然封育任务；切实加强资金管理和工程质量管理；建立联席会议制度等。

2）制定流域规划的相关制度。根据《中华人民共和国水法》第十七条，跨省、自治区、直辖市的其他江河、湖泊的流域综合规划和区域综合规划，由有关流域管理机构会同江河、湖泊所在地的省、自治区、直辖市人民政府水行政主管部门和有关部门编制，分别经有关省、自治区、直辖市人民政府审查提出意见后，报国务院水行政主管部门审核；国务院水行政主管部门征求国务院有关部门意见后，报国务院或者其授权的部门批准。根据《青海省实施〈中华人民共和国水法〉办法》第九条，该省境内黑河的流域综合规划和区域综合规划，由省人民政府水行政管理部门会同省有关部门和有关州（市）人民政府编制，经省人民政府批准，报国务院水行政管理部门备案。根据《甘肃省实施〈中华人民共和国水法〉办法》第十条，黑河干流甘肃段的流域综合规划由省水行政主管部门协同有管辖权的国家流域管理机构编制。根据《内蒙古自治区实施〈中华人民共和国水法〉办法》第六条，其他江河、湖泊的综合规划，由江河、湖泊所在地的旗县级人民政府水行政主管部门会同有关部门编制，报本级人民政府批准，并报上一级水行政主管部门备案。专业规划的编制，按照有关法律、法规规定执行。

（2）评述

1）从近期治理规划设定的内容来看，比较符合流域综合管理的理念。从《黑河流域近期治理规划》实施成效来看，在流域内各省（自治区）、各有关单位的支持配合下，黄河水利委员会及所属黑河流域管理局在缺乏控制性调蓄工程、调度手段单一的情况下，通过创新机制、精心组织、科学调度、积极协调、强化监督，逐年加大正义峡断面下泄水量，有效增加了输往黑河下游的水量，基本实现了近期治理规划确定的目标，使流域生活、生产和生态用水得到了合理配置，缓解了地区间的水事矛盾，并初步遏制了黑河下游地区生态环境日趋恶化的趋势，取得了显著的生态效益、社会效益和经济效益。通过调研我们也发现，各级水行政主管部门对

《黑河流域近期治理规划》的实施效果比较认同，认为在黑河管理局协调调水和流域内各省（自治区）实行区域用水总量控制过程中，行政首长负责制是其有力执行的关键因素。但是还存在以下问题：水量调度指标尚未完成；项目审批时间过长；《黑河流域近期治理规划》属于应急规划，内容还不够全面，需要完善，如何加强项目的后续管理需要引起我们的重视和思考。黑河近期治理项目完成以后，国家投资大幅度减少，随之而来的是流域相关利益主体对水资源统一管理政策的重视程度下降，流域管理机构的协调难度增大。

2）按照《中华人民共和国水法》，黑河的流域综合规划和区域综合规划应由有关流域管理机构会同江河、湖泊所在地的省、自治区、直辖市人民政府水行政主管部门和有关部门编制。甘肃省的规定基本一致，青海省和内蒙古自治区的规定都反映了在编制其境内黑河的流域综合规划时水行政主管部门的主导性。在实际工作中，黑河流域也没有流域综合规划。需要一个全面体现科学发展要求，对水资源开发、利用、节约、保护进行整体统筹的纲领性文件进行指导和引领。因此，开展流域综合规划修编，十分必要和紧迫。

5.2.2　水量分配制度及其评述

（1）相关规定

水量分配是对水资源可利用总量或者可分配的水量向行政区域进行逐级分配，确定行政区域生活、生产可消耗的水量份额或者取用水水量份额。水量分配方案既是水量调度的依据，又要通过水量调度得以实施。通过水量分配方案，国家依法确立了行政区域的国家初始水权，行政区域权力机构通过行使国家初始水权，向下一级行政区域配置水量份额。为了加强黑河流域水量统一调度，合理配置黑河流域水资源，分别就黑河干流水量分配制定了"九二方案"和"九七方案"。

1）为合理利用黑河水资源和协调用水矛盾，保持生态平衡，1992 年 12 月国家计划委员会在"关于审批《黑河干流（含梨园河）水利规划报告》的复函"中，批准了多年平均情况下的黑河干流分配方案，即"九二方案"。其核心内容为：近期，当莺落峡多年平均河川径流量为 15.8 亿 m^3 时，正义峡下泄水量 9.5 亿 m^3，其中分配给鼎新片毛水量 0.9 亿 m^3，东风场毛水量 0.6 亿 m^3。远期，要采取多种节水措施，力争正义峡下泄 10 亿 m^3。

2）1997 年水利部在 1992 年国家计划委员会批准的黑河多年平均水量分配方案的基础上，制定了不同来水情况下的分配方案，经国务院批准，水利部于 1997 年发布了黑河干流分配方案，即"九七方案"。其核心内容为：在莺落峡多年平均来水 15.8 亿 m³ 时，分配正义峡下泄水量 9.5 亿 m³；在莺落峡 25% 保证率来水 17.1 亿 m³ 时，分配正义峡下泄水量 10.9 亿 m³；在枯水年莺落峡 75% 保证率来水 14.2 亿 m³ 时，分配正义峡下泄水量 7.6 亿 m³；在莺落峡 90% 保证率来水 12.9 亿 m³ 时，分配正义峡下泄水量 6.3 亿 m³。

（2）评述

"九二方案"仅为宏观调控方案，没有涉及不同来水情况下的水量分配方案，因而难以实施。

通过调研发现，目前正在实施的"九七方案"得到较好的贯彻和执行，对黑河水量的统一调度起到了重要作用，但"九七方案"没有关于年度水量分配方案实施的过程性规定。例如，如何针对不同来水情形进行调度，如何将年度来水的不同时段细化到月，如何开展实时调度、洪水期水量调度、关键调度期、应急情况下的调度等均没有相应的规定，需要根据黑河水量调度对不同情况下的水量调度期限、时段、措施等做出具体规定。除此以外，在中游地区的实际工作中，完成分水任务难度比较大，影响"九七方案"在中游地区的贯彻执行，给黑河水量调度造成一定的困难。主要体现在以下几方面。

1）"九七方案"在枯水年可勉强完成任务，但丰水年完成任务比较困难。2002 年以来，黑河径流变化总体上表现为偏丰，由于黑河分水关系是依照理论曲线确定的，来水越多，相应下泄更多，见表 5-3（段疆，2017；柳小龙等，2017）。在莺落峡多年平均来水 15.8 亿 m³ 时，分配正义峡下泄水量 9.5 亿 m³；在莺落峡 25% 保证率来水 17.1 亿 m³ 时，分配正义峡下泄水量 10.9 亿 m³，这使得中游可用水量恰好相反，来水越多可用水量越少，灌溉和生态用水不足的矛盾更加突出，完成分水指标比较困难，这也不符合河流管理通行的同比例丰增枯减的原则，会使中游生态环境恶化及地下水过度开采（张永贵和陈敏俭，2008）。

表 5-3　黑河主要水文断面年径流量统计表　　　（单位：亿 m³）

调度时间	莺落峡来水量	正义峡下泄水量		
		当年下泄指标	实际下泄量	偏离值
2000～2001 年	13.13	5.33	6.48	1.15

调度时间	莺落峡来水量	正义峡下泄水量		
		当年下泄指标	实际下泄量	偏离值
2001～2002 年	16.11	9.33	9.23	-0.1
2002～2003 年	19.03	13.24	11.61	-1.63
2003～2004 年	14.98	8.53	8.55	0.02
2004～2005 年	18.08	12.09	10.49	-1.6
2005～2006 年	17.89	11.86	11.45	-0.41
2006～2007 年	20.65	15.20	11.96	-3.24
2007～2008 年	18.89	13.07	11.85	-1.22
2008～2009 年	21.31	16.00	11.99	-4.01
2009～2010 年	17.45	11.32	9.57	-1.75
2010～2011 年	18.06	12.06	11.27	-0.79
2011～2012 年	19.35	13.62	11.13	-2.49
2012～2013 年	19.53	13.84	11.91	-1.93
2013～2014 年	21.90	16.71	13.02	-3.69
合计	256.36	172.20	150.51	-21.69
平均	18.31	12.3	10.75	-1.55

资料来源：段疆（2017）和柳小龙等（2017）。

2）"九七方案"对中游经济社会发展的实际需求和黑河干流水资源基础条件变化的实际考虑不足。一方面，"九七方案"采用的基础资料为 1986 年，至今已经 20 多年，期间中游地区的人口增加了，耕地面积增加了，耗水量也增加了。另一方面，黑河干流水资源条件已发生了根本性的变化。现行《黑河干流分水方案》是按照 1955～1986 年平均水文资料制定的，20 世纪 80 年代以前干流与支流水系相通，冬季弃水和汛期洪水汇入黑河干流，由于支流洪水汇入的作用，"九七方案"中确定的丰水年调度指标严重偏高。但是目前黑河水资源基础条件已发生根本性变化，除梨园河外，其他支流与干流已失去地表水力联系，大部分水资源在产流区和沿山灌区就地消耗，支流的地表水和地下水补给量大幅度减少，也就是说目前仅由黑河干流水系独立承担完成分水方案规定的任务，当黑河来水超过 15.8 亿 m³ 时，逐步递增的水量调度任务就无法全面完成，尤其是丰水条件下水量调度指标严重偏离实际（段疆，2017；柳小龙等，2017）。

3）"九七方案"对中游生态用水的需求考虑不够。2000 年以前，中游各县区的生态林每年利用农闲能灌溉 1～2 次水,但是 2000 年分水以来,中游水资源十分紧张,由于黑河近期治理规划未充分考虑中游生态用水问题,部分生态林严重缺水,中游环境逐渐恶化(焦慧生,2008)。加之农田与林木争水,林地无水灌溉的问题更加凸显。大面积生态林出现枯死或濒临枯死,特别是地处绿洲与荒漠边缘的国有林场、防风固沙林带表现尤为突出。由此,防护效益降低,部分林地将变为沙源地。

4)"九七方案"可操作性尚需提高。通过调研,我们了解到黑河来水丰沛期多在 7 月中旬以后,而在 7 月中旬以前,中游张掖市农业用水达 5.2 亿 m^3,占其全年用水量的83%,已接近黑河来水超过 15.8 亿 m^3 后,留给张掖市的用水总量,当后期黑河来水偏丰时,因黑河上游无调蓄工程,无法对黑河水量调度进行有效调控,不仅不能完成年度水量调度任务,而且秋冬灌无法安排。

5)由于落实分水方案,实施了黑河综合治理节水工程,虽然大家普遍认同衬砌渠道加快了水的流速,提高了灌溉效率,但是也认为存在弊端,需要加以重视。例如,造成灌溉用水/渠系和田间入渗水相继减少,浅层地下水位开始下降,河道回归水补给量大幅度减少。在渠道上栽的植林网的树木成活率低,造成林网缺株断带,从而影响农田林网的防护效益。

5.2.3 水量调度制度及其评述

(1)相关规定

1)2000 年,国务院针对黑河流域生态系统严重恶化、水事矛盾突出的问题,决定开始实施黑河水量统一调度,并安排进行较大规模的流域治理。

2)2000 年 6 月 16 日,水利部颁布了《黑河干流水量调度管理暂行办法》,对黑河水量调度的范围、原则、权限及监督检查等做了具体规定。明确指出,黑河干流年内各时段水量调度方案,由黄河水利委员会黑河流域管理局制定,甘肃、内蒙古两省(自治区)负责实施。2000 年 8 月 21 日,黑河流域管理局首次发布水量统一调度指令,中游地区实施"全线闭口、集中下泄"措施(李琛奇和陈发明,2017)。

3)2000 年,黑河流域管理局会同甘肃、内蒙古两省(自治区)水利厅,共同制定了《黑河干流省际用水水事协调规约》。该规约适用于甘肃、内蒙古两省(自治区）因用水产生的水事问题协调工作。按照该规约，要求成立水事协调小组，小组成员实行代表制，两省（自治区）首席代表是两省（自治区）水行政部门在黑河水量分配调度上的全权代表，黑河流域管理局首席代表是黑河流域管理局在黑河水量分配调度上的全权代表，在用水关键期及前后时间（6～11 月），协调小组各主要成员必须配备必要的通信工具（手机），以保证及时联系和随时参加协调会议。此外，该规约还对代表的组成、任命及协调会议的组织形式做了明确的规定。

4）2009 年，水利部在系统总结经验的基础上，制定了《黑河干流水量调度管理办法》。该办法对黑河干流水量调度的原则、管理职责、调度责任制、调度依据、一般调度期水量调度、关键调度期水量调度、洪水期水量调度、应急水量调度、水文断面控制、调度总结、监督检查等做出了全面规定。2009 年，黄河水利委员会主任李国英就《黑河干流水量调度管理办法》的核心内容概括为：明确国家对黑河干流水量实行统一调度，遵循总量控制、分级管理、分级负责的原则；确立了黑河干流水量调度的管理体制。《黑河干流水量调度管理办法》规定了水利部、黄河水利委员会及所属黑河流域管理局、流域内三省（自治区）地方人民政府及水行政主管部门、东风场区、水库和水电站主管部门或者单位的管理职责；健全了黑河干流水量调度责任制。规定了黑河水量调度实行地方人民政府行政首长负责制和黄河水利委员会、黑河流域管理局、东风场区主要领导以及水库和水电站主管部门或者单位主要领导负责制，并实行公告制度；黑河干流水量调度的依据是国务院批准的黑河干流水量分配方案和水利部批准的黑河干流年度水量调度方案，有关地方人民政府、东风场区、黄河水利委员会及其所属黑河流域管理局必须执行；明确了责任分工、责任内容、责任追究措施，规定采取分级督查和联合督查相结合的形式对水量统一调度进行监督检查，对未达控制指标、超指标取水、违反水量调度规定及破坏水量调度秩序的行为规定了相应的法律责任；完善了水量调度方案的编制程序。对年度、月用水计划建议的报送以及关键调度期月水量调度方案的制定及修正、调度指令的下达等都做出了具体规定，使黑河干流水量分配方案的落实更规范、更具有可操作性；建立了比较完备的应急水量调度制度。近 10 年的黑河水量统一调度经验表明，由于气候变化和人类活动影响，黑河出现极端水情的频率大大增加。针对这一情况，《黑河干流水量调度管理办法》建立了应急水量调度制度，规定出现危及城乡生活供水安全等紧急情形或者预测年度正义峡水文断面少下泄水量可能超过年度水量调度方案中确定指标的 5% 时，可以实施应急水量调度，并规定了应急调度预案编制以及实施程序和措施，确保在出现紧急水情时，能够有序应对，降低用水风险和损失。此外，《黑河干流水量调度管理办法》还对水量调度奖励机制、动用水库死库容、水文监测与监督、水量调度总结与报送、信息交流及通报等环节做了相应的规定。

5）2012 年，为贯彻落实好中央水利工作会议和《中共中央国务院关于加快水利改革发展的决定》（中发〔2011〕1 号）的要求，国务院就实行最严格水资源管理制度提出了《国务院关于实行最严格水资源管理制度的意见》，其中涉及水资源统一调度的核心内容有：强化水资源统一调度。流域管理机构和县级以上地方人民政府水行政主管部门要依法制订和完善水资源调度方案、应急调度预案和调度计划，对水资源实行统一调度。区域水资源调度应当服从流域水资源统一调度，水力发电、供水、航运等调度应当服从流域水资源统一调度。水资源调度方案、应急调度预案和调度计划一经批准，有关地方人民政府和部门等必须服从；完善水资源管理体制。进一步完善流域管理与行政区域管理相结合的水资源管理体制，切实加强流域水资源的统一规划、统一管理和统一调度。甘肃省和青海省出台了相应的办法或意见，但是对黑河水资源调度没有做相应的规定。相应的各市、区也有对应的管理文件落实。

（2）述评

1）《黑河干流水量调度管理暂行办法》对黑河干流水量实施统一调度，维护黑河水量调度秩序，保障国务院批准的水量分配方案的完成发挥了重要作用。但是，它是为确保如期实现国务院三年分水指标而制定的规范性文件，随着黑河流域近期治理规划的实施，流域来水用水情况发生了较大变化，见表 5-3，截至 2014 年，14 年正义峡水文断面累计少下泄水量达 21.69 亿 m³，而且呈增加之势，国务院分水指标难以得到完全落实。调度手段比较单一，缺乏工程、经济、法律等手段，主要依靠行政命令，再加上黑河水量统一调度涉及面广，问题复杂，协调难度越来越大，调度工作面临着十分困难的境地，《黑河干流水量调度管理暂行办法》难以满足现实需要。水量调度实践也表明，《黑河干流水量调度管理暂行办法》对水量调度的方式，年、月水量调度方案的审批程序等内容的规定也不尽健全完善，需要调整、补充和规范，以增强可操作性。

2）《黑河干流省际用水水事协调规约》使省际用水水事协调工作有了基本的行为规范。据调研，黑河流域管理局根据该规约，为了协商、协调正义峡断面下泄水量累积欠账，召开过协调工作会议。另外，根据该规约，协调小组应该定期或不定期地召开工作例会，但是由谁来召集没有规定，因此，这一规定有可能在实践中难以落实。

3）根据《黑河干流水量调度管理办法》，黑河干流水量分配方案由国务院批准，黑河干流年度水量调度方案由水利部批准，黑河干流水量分配方案和黑河干流年度水量调度方案是黑河干流水量调度的依据。该办法的实施不仅对加强黑河干流水量统一调度管理、促进水资源优化合理配置、更好地落实国务院批准的水量分配方案具有重要作用，而且对健全流域管理与区域管理相结合的水资源管理体制、促进流域经济社会发展和生态环境改善具有重要的意义。自 2000 年黑河实施水量统一调度以来，截至 2017 年 8 月 20 日，黑河尾闾湖——内蒙古自治区额济纳旗境内的东居延海实现连续 13 年不干涸的目标。但是，其在实施中也存在一些问题需要关注：按该办法第三十四条的规定，"全线闭口、集中下泄"是指在一定时段内，关闭中游地区的所有取水口门，集中向下游地区输水的调度措施。但是因集中下泄冲毁引水拦河坝、冲毁两岸农田、造成的损失如何进行赔偿等问题需要加以解决，特别是遇枯水年，此类矛盾愈加突出。水量统一调度，在缺乏工程控制手段特别是上游骨干调蓄工程的情况下，调水成本高，一方面，约束了中游的用水，在中游农业灌溉高峰期和生态灌溉关键期，用水无法得到保证。另一方面，增加了下游的来水，但是下游却存在漫灌和开荒拓地现象，生态用水并未得到保障。这不可避免地增加了调水的难度，使区域之间、流域和区域的矛盾加剧。

4）国务院制定的《国务院关于实行最严格水资源管理制度的意见》以及甘肃省[①]和青海省相应的办法或意见，主要集中在取水许可的相应制度规定上，对流域水资源的统一调度只有原则性规定，尚需要各省（自治区）进一步落实。三省（自治区）均有各自的实行最严格水资源管理制度的考核办法。2013 年经水利部和甘肃省政府批复同意了《甘肃省加快实施最严格水资源管理制度试点方案》，该方案列出的试点任务明确规定"按照水利部和黄委会下达的黄河、黑河水量调度指标，制定水调计划，探索调度方式，完成调水任务。"

总的来说，通过上述管理文件和相关法律、部门规章的支撑，黑河水量调度工作取得了以下成效。

---

① 《甘肃省实行最严格的水资源管理制度办法》自 2011 年 7 月 1 日起施行，有效期五年，已过有效期。

通过近年的调度实践，实行国家分配水量，断面水量控制，省（自治区）有关负责配水的管理制度以及中游"总量控制、以供定需"的用水原则，"全线闭口、集中下泄"的调水措施，下游"遏制农灌，扩大林草"的用水策略等，初步形成了流域水量调度工作中流域管理与行政区域管理相结合的体制框架，调水效果显著。例如，正义峡断面以下金塔县鼎新灌区、东风场区等，均实现了按计划引水，额济纳绿洲地下水位明显上升，湖周围水草开始复苏，下游生态恶化的局面逐步得到控制。同时，黑河调水与近期治理产生了良好的生态效果。上游治理区域的森林覆盖率、草地植被覆盖度和水源涵养能力等都得到明显提高。中游林地面积和质量、草地面积和质量均有所提高，调水后沙漠化、盐渍化、裸土地分布面积有了明显减少，盐渍度有所下降，水域面积和水面蒸发量有所减少。下游林草地得到了及时有效灌溉，满足了下游植被关键生长期生态需水要求（郑利民等，2010）。东居延海周边地区生态环境得到明显改善，目前水域面积达 41.3 km^2，库容达 6620 万 m^3。据额济纳旗水务、林业等部门的调查数据显示，实施科学分水以来，黑河下游额济纳绿洲地下水位平均回升 1 m 以上，新增林草地面积约 100 km^2，沙尘暴逐年减弱，在东居延海栖息的候鸟种类从十几种、数千只，增加到 73 种、3 万余只（于嘉，2017）。

尽管黑河实施水量统一调度和流域综合治理以来，已经逐步产生了巨大的经济效益、社会效益和生态效益，取得了令世人瞩目的成绩，但是长期困扰黑河水量调度的一些关键问题尚未得到有效解决，新暴露出来的一些问题也越来越突出，如不及时加以解决，将直接影响水量统一调度和近期规划治理成果的巩固，制约流域实施真正意义上的水资源统一管理与调度，并对流域生态环境的改善、经济社会可持续发展造成严重影响。主要存在以下问题。

1）干流缺乏控制性骨干调蓄工程，难以对黑河水量进行有效调节。黑河干流上已建的水电站以水能资源开发为主要目的，多为径流式或引水式电站，库容普遍偏小，调蓄能力非常有限。2000 年以来，黑河干流水量调度仅仅依靠单纯的行政手段实施"全线闭口、集中下泄"。正义峡断面下泄指标的完成和流域水资源的配置主要取决于上游天然来水过程，而黑河作为一条跨省（自治区）内陆河流，上游来水年内分配不均，且来水过程与中下游用水过程存在较大差异，在目前干流没有控制性骨干调蓄工程的情况下，水量调度受制于来水过程，无法有效调配水资源。中游农业灌溉高峰期、生态灌溉关键期用水无法得到保证，农业与生态用水矛盾突出；协调难度大，难以实现流域水资源的优化配置和高效利用，严重制约了流域经济社会发展，也对实施黑河干流水量统一调度、落实国家水量分配方案造成很大困难。2013 年，为缓解黑河流域灌溉用水和调水矛盾，减轻各级管理部门的协调难度，国家发展和改革委员会批复了《黑河黄藏寺水利枢纽工程项目建议书》，此举具有十分重要的意义。

2）水量调度立法层级偏低，难以保障黑河水量调度有序实施。水量调度管理的文件有国务院制定的规范性文件，部门规章和规范性文件，立法层级偏低，因此，水务部门配合水调工作的法律依据不足。而且，现行规定对于水量调度中出现的违规行为，没有相应的处罚依据和手段，行政执法软弱乏力，难以保障黑河水量调度有序实施。

3）调度手段比较单一。目前主要靠部门协调，缺乏约束力。《黑河干流水量调度管理办法》在监督检查和处罚措施方面规定不明确、操作性不强，已不适应黑河流域水资源形势发展的要求。另外，流域内很多机制尚未形成，如市场机制不健全，特别是水价形成机制、补偿机制、激励机制都还没有建立，使得节水经济政策的落实与要求之间的差距明显等。

4）技术支撑手段落后。目前，流域水量调度主要利用水文气象中长期预报编制水量调度预案，准确性相对较差，统一调度尚缺少现代化手段和措施。

5）上游水电工程无序开发。目前，黑河干流已建立水电站二十多个，但是这些水电站缺乏统一规划、统一管理，"电调服从水调"原则难以落实，严重干扰了黑河水量统一调度的秩序。

6）中游河道宽浅散乱，水量损失严重。河道宽浅散乱，引水口门众多且大多为简易口门，造成每年调水反复封串、堵口，不仅耗费大量人力、物力，而且水量损失严重。据统计，每年来水最多、调水最为关键的是 7 ~ 9 月，中游 185km 河道输水损失率达到 30% ~ 40%（乔西现和石国安，2006）。

5.2.4 取水许可制度及其评述

(1) 相关规定

1）1993 年，国务院通过并于 1993 年 9 月 1 日起施行《取水许可制度实施办法》，标志着我国取水许可制度的正式确立。为贯彻落实这一办法，加强辖区内的水资源统一管理与保护，青海、甘肃于 1995 年 6 月和 12 月实施了各自的《取水许可制度实施细则》，开始对包括黑河在内的辖区水资源实施取水许可分级管理。

2）1996 年，水利部发布了《关于国际跨界河流、国际边界河流和跨省（自治区）内陆河流取水许可权限的通知》，其中关于黄河水利委员会的取水许可管理权限包括青海、甘肃、内蒙古境内的黑河干流河段：地表水日取水量 1.0 万 m^3 以上的工业与城镇生活取水或设计流量 $5.0m^3/s$ 以上的农业取水。还规定：黑河的取水由黄河水利委员会依照国家计划委员会批准的分水方案实行总量控制。

3）2006 年，国务院出台了《取水许可和水资源费征收管理条例》。其第三条规定，县级以上人民政府水行政主管部门按照分级管理权限，负责取水许可制度的组织实施和监督管理。国务院水行政主管部门在国家确定的重要江河、湖泊设立的流域管理机构，依照本条例规定和国务院水行政主管部门授权，负责所管辖范围内取水许可制度的组织实施和监督管理。与此同时，确立了取水许可分级审批制度及权限。根据 2017 年 3 月 1 日《国务院关于修改和废止部分行政法规的决定》，修订了《取水许可和水资源费征收管理条例》，但是该第三条的规定没有变化。

4）根据 2007 年 3 月 16 日《关于委托黑河流域管理局实施黄委管理范围内黑河取水许可管理工作的通知》（黄水调〔2007〕5 号），黑河流域机构开始实施黄河水利委员会管理权限范围内的黑河取水许可管理工作，具体包括：黑河流域内由国务院或者国务院投资主管部门审批、核准的大型建设项目的取水；黑河干流地表水日取水量 1.0 万 m^3 以上的工业与城镇生活取水或设计流量 $5.0m^3/s$ 以上的农业取水。上述范围之外的取水，由地方水行政主管部门根据其内部管理权限，实施分级管理。同时，规定了不需要申请领取取水许可证的五类情形。

5）为进一步明确流域管理机构和地方各级水行政主管部门的分级管理权限，规范和完善取水许可申请、受理、审批程序，强化黑河取水监督管理，在结合黑河流域水量调度等实际情况的基础上，黄河水利委员会于 2010 年颁布实施了《黑河取水许可管理实施细则（试行）》，这标志着黑河水资源管理工作步入了新的起点。其中第三条明确规定：黑河流域管理局是黄河水利委员会在黑河流域的派出机构，依照法律规定和水利部授予的职责，负责黑河取水许可制度的组织实施和监督管理。黑河流域管理局和黑河流域内审批发放取水许可证的县级以上人民政府水行政主管部门，是取水许可监督管理机关，依法管理或委托实施取水许可监督管理。《黑河取水许可管理实施细则（试行）》还规定了审批权限、取水申请和受理、取水许可审查和决定、取水许可证的发放和公告、监督管理和罚则等内容。

6）《黑河干流水量调度管理办法》规定了与水量调度有关的取水许可管理制度。对新建、改建、扩建建设项目的水资源论证和取水许可制度的实施做了明确规定，重申了水量控制指标，规定不得将取水用于扩大农田灌溉面积，并赋予了流域管理机构对取水许可制度实施的监督管理权限，为在流域内推行严格的水资源管理制度打下了基础。

7）甘肃于 2011 年颁布实施的省政府规章《甘肃省实行最严格的水资源管理制度办法》第二条规定："实行最严格的水资源管理制度主要内容是围绕水资源配置、节约和保护，建立并实施水资源管理'三条红线'，即建立水资源开发利用控制红线，实行用水总量控制；建立用水效率控制红线，遏制用水浪费；建立水功能区限制纳污红线，控制入河排污总量。"第十条规定："市州用水总量控制指标由省水行政主管部门依据全省水资源综合规划、水资源公报及相关规划，以流域和区域水资源可利用量、国家和流域水量分配指标为上限，综合考虑流域、区域水资源开发利用及保护现状、用水效率、产业结构和未来发展需求分解确定，报省政府批准实施。"

8）青海于 2006 年、内蒙古于 2018 年、甘肃于 2014 年分别通过或者修正通过了各自的关于取水许可和水资源费征收管理的政府规章，也都规定了取水许可的分级审批制。

除此之外，《中华人民共和国水法》《中华人民共和国水土保持法》《中华人民共和国水污染防治法》及《中华人民共和国行政许可法》等国家层面上的立法和《取水许可管理办法》等部门层面上的规章也为黑河流域取水许可提供了立法支持与保障。

（2）述评

实行严格的取用水管理是做好水资源配置的重要手段，也是调整水资源不合理开发利用的重要基础和依据。通过上述的管理文件，逐步明确了黑河流域管理局有权实施黄河水利委员会管理权限范围内的黑河取水许可管理工作，使其工作有法可依，有章可循。截至 2012 年底，黑河流域管理局已对流域内的 13 个用水户发放或换发了取水许可证，包括 4 个农业取水许可证、5 个生态取水许可证和 4 个电站取水许可证。

但是，在梳理审查现有相关管理规定的过程中，仍然存在以下明显不足或问题。

1）监管主体未能进一步明确。根据《黑河取水许可管理实施细则（试行）》第三条的规定，黑河流域管理局是黄河水利委员会在黑河流域的派出机构，依照法律规定和水利部授予的职责，负责黑河取水许可制度的组织实施和监督管理。黑河流域管理局和黑河流域内审批发放取水许可证的县级以上人民政府水行政主管部门，是取水许可监督管理机关，依法管理或委托实施取水许可监督管理。这一规定本身就不是十分明确，管辖权容易发生冲突。根据《取水许可和水资源费征收管理条例》和《关于委托黑河流域管理局实施黄委管理范围内黑河取水许可管理工作的通知》的规定以及实践中的可操作性，应该明确黑河流域管理局和黑河流域内审批发放取水许可证的县级以上人民政府水行政主管部门，是取水许可监督管理机关，依法管理或委托实施取水许可监督管理。

2）取水许可管理权限。根据《取水许可和水资源费征收管理条例》《关于委托黑河流域管理局实施黄委管理范围内黑河取水许可管理工作的通知》和《黑河取水许可管理实施细则（试行）》，在黑河流域内由国务院或国务院投资主管部门审核批准的大型建设项目的取水（含地下水），由黑河流域管理局实行全额审批。青海、甘肃、内蒙古境内的黑河干流河段，地表水日取水量 1.0 万 m^3 以上的工业与城镇生活取水或设计流量 $5.0m^3/s$ 以上的农业取水，由黑河流域管理局按照水利部规定的管理权限，实行限额审批。上述范围之外的取水，由各省（自治区）县级以上人民政府水行政主管部门根据其管理权限进行审批。按照《青海取水许可和水资源征收管理办法》，青海省人民政府水行政主管部门负责该省境内的黑河取水的取水许可审批。按照《甘肃省取水许可和水资源费征收管理办法》，县级以上水行政主管部门负责所辖行政区域内取水许可制度的组织实施和监督管理工作。按照《内蒙古自治区取水许可和水资源费征收管理实施办法》，旗县级以上人民政府水行政主管部门按照分级管理权限，负责本行政区域内取水许可制度的组织实施和监督管理。甘肃和内蒙古的管理办法规定的取水量是按年取水量的多少来划定的，有可能造成职责交叉。同时，内蒙古的取水许可实行分级审批，国家有规定的，从其规定，从而使该政府规章在执行中留有一定空间。表 5-4 统计了黑河干流取水许可证的发放情况，可以从一定角度反映这一问题。黑河干流上游河段已建成投产的 7 座水电站，除大孤山水电站由黑河流域管理局审核水资源论证报告书并核发取水许可证外，其余 6 座水电站的取水许可均由地方水行政主管部门审批。在黑河流域管理局的不懈努力下，直到 2012 年 4 月，黑河流域管理局对甘肃省电力投资集团有限责任公司下属的黑河干流龙首一级、二级水电站才换发了取水许可证。

表 5-4　黑河干流取水许可发证情况统计　　　（单位：个）

取水类别	所在区域	总数	省（自治区）发证数	黑河流域管理局发证数
农业取水	甘肃	46	42	4
工业取水	甘肃	2	2	
水电站取水	青海	1		1
	甘肃	6	3	3
生态取水	甘肃	1		1
	内蒙古	4		4

3）区域执行效果有差异。根据调研，梨园河灌区普遍安装了引水计量设施，再加上渠系建设比较好，取水许可实施效果比较好。而位于临泽县鸭暖乡和板桥镇等地的灌区农田水利基础设施建设滞后，没有完全安装引水计量设施，且没有水库等调蓄手段，取水许可实施效果不是特别好。下游是取水许可和水量调度的受益方，因此他们执行相应规定的愿意比中游强。

5.2.5　水事纠纷协调和处理制度及其述评

（1）相关规定

1）2004 年，水利部发布了《省际水事纠纷预防和处理办法》，明确了处理省际水事纠纷的依据，规定了水利部、流域管理机构以及省、自治区、直辖市人民政府水行政主管部门在省际水事纠纷的预防和处理工作中的主要职责。还规定了省际水事纠纷的预防、处理、执行与监督等。

2）2000 年，黑河流域管理局会同甘肃省、内蒙古两省（自治区）水利厅共同制定了《黑河干流省际用水水事协调规约》，该规约要求成立水事协调小组，小组成员实行代表制，首席代表由黑河流域管理局和两省（自治区）水利厅各 1 人组成，两省（自治区）的首席代表是两省（自治区）水行政部门在黑河水量分配调度上的全权代表。该规约对代表的组成、任命及协调会议的组织形式做了明确的规定。规定水事协调小组要定期或不定期召开工作例会，相互通报省际用水水事协调工作情况，研究有关协调方案和处理意见；协调小组负责水事问题协调及有关决定执行情况的监督检查；省际用水产生的水事问题，首先由两省（自治区）首席代表本着互谅互让、团结协作的精神自行协商解决，若双方达不成共识，可将水事问题提请黑河流域管理局协商解决，如经黑河流域管理局协调仍难达成一致意见时，由黑河流域管理局报请上级主管部门处理。该规约的制定使省际用水水事协调工作有了行为规范。

3）国务院关于《黑河流域近期治理规划》的批复确立了联席会议，由水利部牵头，相关部门和青海、甘肃、内蒙古三省（自治区）人民政府及黄河水利委员会参加，共同协商解决黑河流域综合治理的重大问题。联席会议议定的事项由有关部门和省（自治区）在各自职责范围内分别组织实施。议定事项的落实情况由黄河水利委员会督办。

除此之外，本章列举的相关立法中不同程度地体现了水事纠纷的协调和处理。

（2）述评

总的来说，现有的规章和规范性文件尚存在法律效力弱、约束力不强以及缺乏相应的处罚依据和手段等问题，造成执法效力弱化。现行的制度对省际边（跨）界河流的水事工作程序也没有明确规定，造成流域机构实施管理的权限不足，使省际河流无序开发，水事纠纷多发而难解。虽然建立了联席会议制度，但截至目前，仍没有召开过一次联席会议，黑河流域综合治理联席会议制度并没有真正发挥作用，黑河流域一些重大问题无法通过联席会议的形式充分协商以有效解决（李大鹏等，2016）。如前所述，黑河流域管理局在协调上已经做了大量的工作，但是协调工作仍然难度很大。目前推行的河长制，按照规定由省委、省政府负责同志任河长，是流域水资源管理保护的直接负责人，这就需要黑河流域管理局结合河长制做好对黑河流域水资源的协同管理。

5.3 评述小结

综合第4章黑河流域管理体制和本章评述，黑河流域水资源法制化管理存在的问题总结见工具箱5-1。

工具箱5-1 黑河流域水资源法制化管理存在的问题

国家立法层面

➤ 自然资源的所有权主体存在事实上的缺位

➢ 相关利益主体重权利、轻义务

➢ 一些法律与现实脱节

➢ 规定原则和抽象，需要进一步细化

➢ 规定的职责有交叉、部门利益制度化

➢ 应然性条款多，对违法义务的处罚存在法律责任规定的缺失，执法难

➢ 市场机制不够、公众参与不足

流域机构建设

➢ 权责不明、事权不清

➢ 权限配置有限、不明确

➢ 流域统一管理无法实现

流域制度建设

➢ 规划

● 近期治理规划制定层级偏低

● 近期治理规划属于应急规划、内容不全面

● 缺乏流域综合规划

➢ 水量分配

● 制定层级偏低

● 中游地区贯彻分水方案难

➢ 水量调度

● 制定层级偏低

● 现有规定对水调中出现的违规行为缺乏处罚依据

● 下游生态用水并未得到充分保障

● 国家目前较好的农业政策对农民的激励增强了农民复耕的意愿

● 缺乏干流控制性骨干调蓄工程，难以对黑河水量进行有效调节

● 调度缺少现代化手段和措施

● "电调服从水调" 难以落实

➢ 取水许可

● 制定层级偏低

● 监管主体的规定不明确

● 取水许可管理权限关于取水量依据的标准不一致

- 在用水总量控制上，行政首长负责制较流域机构的协调管理更为有力
- 区域执行效果有差异

➤ 水事纠纷协调和处理

- 制定层级偏低
- 缺乏相应的处罚依据和手段，执法效力弱化
- 对省际边（跨）界河流的水事工作程序没有明确规定，水事纠纷协调处理难度大
- 存在区域合作立法尝试，但是实施难度较大

第 6 章 | 黑河流域最严格水资源管理法规体系框架设计

《国务院关于实行最严格水资源管理制度的意见》分为五个部分、共20条，明确提出了实行最严格水资源管理制度的主要目标和内容，总的来说就是"三条红线""四项制度"。"四项制度"即用水总量控制制度、用水效率控制制度、水功能区限制纳污制度、水资源管理责任和考核制度。落实最严格水资源管理制度涉及方方面面的个人和单位，必须有一系列可落实、有效的政策法律体系作保障（左其亭，2016）。通过对国内外典型流域的管理经验得失、对黑河流域实际和管理实践的梳理总结，研究探讨以机构能力建设为主线，以生态系统管理理念为指导，以流域健康可持续发展为目标，构建黑河流域最严格水资源管理法规体系框架设计方案，为建立科学、高效、可持续的黑河流域水资源管理运行机制提供理论支撑。

6.1 黑河流域最严格水资源管理法规体系框架设计的理念①

哲学决定科学，正确的世界观、方法论决定研究的出发点和落脚点，所以黑河流域最严格水资源管理法规体系的建设必须以先进的理念为指导。

（1）正确理解人在流域管理中的地位

在流域管理研究中考虑人的因素，是认识的一大进步，但该给人以什么样的定位，没有一个较为科学合理的解释，现有研究更多强调"以人为本"，更多强调自然对人的价值或贡献，对人和自然的关系进行了驾驭或索取的诠释。我们对人与自然的关系理解是：人类只是依存于自然的一类特殊的生命体，不可能脱离自然而独立存在；自然是人类赖以生存的基础，是比人类尺度更大的生命系统。换言之，自然可以无人类，但人类绝不可以无自然，即人类绝不是自然的主宰。人类对自然的尊

---

① 本节是在徐辉和张大伟（2007）和徐辉（2008）的基础上，进行了补充和完善。

重和维护,是对人类本身的终极关怀。相对于自然的其他组分,人类是具有灵性、思维和主观能动性的特殊生命群体,这种特质奠定了人类特殊的双刃剑本领,可以加速或催化自然的一些变化过程,包括正面的、负面的、短期的、长远的、局部的、整体的,单一的、复合的,人类只有在正确的世界观和方法论的指导下,扬长避短,趋利避害,才能实现人类与自然的和谐共存,最终实现人类的可持续发展。

(2) 科学解读流域

传统的流域主要体现其水文学特征,是指被地表水或地下水分水线所包围的范围,也就是河流湖泊等水系的集水区域,习惯上往往将地表水的集水面积称为流域。随着科学、社会、经济和文化的发展,流域的概念又有了更为丰富的内涵,除了具有基本构成要素外,还具有了一定的层次结构和整体功能,是一个不仅包括了水资源,同时还包括了天、地、气、生等自然要素以及人文社会经济要素在内的复合系统。

(3) 对生态系统管理内涵的进一步深入理解

从 20 世纪 40 年代开始,随着生态学理论体系的完善和系统化,以及人类对其与自然关系的认识加深,在传统的环境管理中逐步引入了生态学的相关理论和方法。70 年代以来,在生态和景观单元内实施环境管理的理念得到认可和发展。在生态系统方法、物种保护、综合资源管理以及区域规划等的基础上,生态系统管理在 90 年代后成为研究和管理实践中新的热点。生态系统管理是一个广泛的概念,有着明显的尺度特征,不同的时空尺度和研究领域具体内容不同,形成了多样化的定义。不同等级生态系统管理的内容和方式是有所区别的(田慧颖等,2006)。许多机构和学者尝试从不同角度定义生态系统管理,但是,目前对生态系统管理还是没有一个统一的界定,引用最多的或许还是来自 Grumbine(1994)的阐述(Butler and Koontz,2005)。Grumbine(1994)通过对 1993 年 6 月以前发表在经同行评议的期刊上的关于生态系统管理的论文进行分析,总结其共性,进一步阐述了生态系统管理的 10 项基本内容:①用系统的观点看待生物多样性等级,寻求各等级之间的关联性;②管理者必须超越行政的或政治的边界,在恰当尺度内界定生态边界;③注重生态系统的完整性以保持生物多样性;④增强生态学数据的研究和收集;⑤管理者对行动的结果进行监测以对成败进行定量评价;⑥适应性管理以应对不确定性,增强管理的灵活性;⑦加强合作,包括管理机构间、私人间等,综合考虑各种冲突;⑧组织变化,包括结构和运行方式的简单和复杂的变化;⑨承认人类根植于自然;⑩人类的价值对于实现生态系统管理目标的重要性等。

生态系统管理概念的提出使人类由对自然的无序利用和被动适应，开始走向实施主动的生态恢复和科学管理（马克明等，2004）。

(4) 流域生态系统管理的内涵

流域生态系统管理是建立在生态系统管理的基础上，从整个流域全局出发，统筹安排、综合管理、合理利用和保护流域内各种资源和环境，从而实现流域综合效益最大和社会经济的可持续发展（仇蕾等，2004）。它是应用生态系统方法，通过具体的行动、过程和实践，促进和实现流域的可持续发展。总结相关研究，总的来说，流域生态系统管理应该包括但不限于以下主要内容（徐辉和张大伟，2007）。

1) 注重流域生态系统特征，包括从生态界限考虑生态系统的整体性、尺度更宽、各生态系统间和生态系统内各组分的相互关联性、生态系统健康包括自然恢复力、生态系统具有服务功能、生物多样性、在区域层次上存在着结构和组成上的差异等。

2) 从流域环境与发展统一的角度考虑基于流域生态系统、流域经济系统和流域社会系统的流域复合系统管理，实现流域的可持续发展。

3) 适当调整机构和组织以适应流域生态系统管理的需要，加强机构的合作、协调与沟通能力等能力建设。

4) 由于流域生态系统的复杂性、不确定性和时滞性，并且管理必须认识到变化的必然性，要采用适应性管理，即"边走边看"的动态管理方法，从实践中积累经验，及时调整行动。

5) 承认人类根植于自然，人类的价值对于实现流域管理目标非常重要，应该认识到人类文化的多元性和复杂性，重视地方居民生态系统知识的运用，有利于管理措施的执行，鼓励各利益相关主体共同参与、协商、讨论和决定流域事务。

6) 采用多学科方法，包括自然科学和社会科学的方法。

7) 应用行政、市场、法制等多种手段进行管理。

8) 加强信息能力建设，做好流域生态系统相关基础数据等信息的收集、监测、统计和分析等，为流域生态系统管理提供依据。

9) 注重制定流域中长期规划，并做好规划执行情况的跟踪和评价工作。

(5) 流域生态系统管理的三要素

借鉴综合生态系统管理包括的三要素（冉东亚，2005），结合流域生态系统管理的主要内容，认为流域生态系统管理的三要素如下。

1) 目标。流域生态系统管理的主要目标是促进流域的可持续发展，从而保证可以满足当代人和后代人的持续需要，具体包括三个方面：①加强部门的规划和管理；②促进资源的合理利用并最大限度地降低资源使用上的冲突；③保证生物多样性、生物物种和生境的生产力及其生态服务功能。

2）内容。管理目标决定管理内容，在流域生态系统管理中，强调资源利用的冲突，控制人类对环境的干扰活动。它主要从资源和环境的规划和管理出发，强调过程管理，以协调各类相关机构为共同的目标而合作。不同利益群体之间存在对稀缺资源的竞争和不同的感应。这就需要资源规划和管理采取生态系统方法，更关注符合社区全局利益和长远利益的生态系统、生态过程及其综合利用（米切尔，2001）。此时，管理的成功与否就主要取决于相关部门之间的协调程度。

3）方法。对流域生态系统进行管理，就是要通过人口、资源、环境和经济生态复合系统的系统分析与系统设计，建立两种主要机制：综合和协调。具体实践时，首先应该明确需要做什么，即调查特定区域有什么类型的资源及其相应的利用方式，以及在这些特定区域社会经济发展和生态环境建设与保护过程中需要做什么；然后应该科学选择做事的方式，即在管理过程中具体的实施手段和方法；最后应该明确考虑规划与实施两个阶段中，制度与组织形式将对确定做了什么与做得怎么样产生什么影响，从而进行定性描述和定量分析，找出管理过程中的成功与不足之处，寻求更优化的管理保障体系。

6.2　黑河流域最严格水资源管理法规体系框架设计的目的

以国家和水行政部门关于流域水资源管理与水量调度的国家方略和基本制度为依据，以黑河流域管理的现实情况和客观要求为出发点，通过立法体系的建设和完善，明确流域管理体制、流域机构、省（自治区）和不同部门在水资源配置、节约和保护、水量调度以及生态建设与保护等方面的权限和职责，为全面贯彻落实最严格水资源管理制度，合理开发、利用和保护黑河水资源，改善黑河流域生态环境，促进经济社会的可持续发展提供法律依据和制度保障。

6.3　黑河流域最严格水资源管理法规体系框架设计的原则

根据体系建设的理念，结合实际，确定以下原则。

1）统筹规划、以水定需、厉行节约、合理开源、科学治理、务求实效的原则。

2）加强流域水资源统一调度，按照总量控制、分级管理、分级负责的要求，优先满足城乡居民生活用水，合理安排农业、工业、生态环境用水。流域各省（自治区）按规定比例合理分配水量。

3）坚持上中下游统筹兼顾、协调发展，将各流域经济发展与生态环境保护相结合，计划用水、节约用水和水资源有偿使用相结合。

4）流域水资源实行流域管理和行政区域管理相结合，行政区域管理服从流域管理的管理体制，专业规划及与水有关的部门规划应当服从流域和区域综合规划，各地、州规划应当与流域综合规划相协调。

5）加强水资源统一管理与可持续发展，水资源统一管理体制为水资源可持续利用提供制度保障，有利于水资源综合开发、优化配置、高效利用、有效保护和防治水害。

6）坚持水量与水质管理并重，水污染防治坚持预防为主、保防结合。

7）鼓励公众参与流域水资源管理和调度等活动，并制定相应的激励措施。

8）注重民生水利，流域管理须形成保障民生、服务民生、改善民生的水利发展格局，人人共享水利发展与改革成果。

6.4　黑河流域最严格水资源管理法规体系框架的方案设计①

在借鉴国内外流域法制化管理经验、结合黑河流域实际情况的基础上，提出黑河流域最严格水资源管理法规体系框架设计的方案，共计三套，即"一大一小一中"的立法规划体系思路。方案设计必须紧紧围绕最严格水资源管理制度的"三条红线"和"四项制度"，紧密结合黑河流域的特点，重点围绕水资源统一调度、水资源保护、开发和利用管理、水资源管理体制和机制等方面，不断细化最严格水资源管理各项制度。

6.4.1　方案一：大方案——应然法体系

6.4.1.1　设计思路

大方案是按照法理和流域实际设计的一种应然法体系，即站在黑河流域生态系统

---

① 本节在张大伟等（2016）的基础上，进行了补充和完善。

管理的角度提出黑河流域最严格水资源管理法规体系框架：①需要超越黑河流域管理局及上级主管部门（水利部、黄河水利委员会）现有职能和上位法的部分规定。②管理主体不仅仅以黑河流域管理局为主，还应包括国家水行政主管部门及环保部门、黄河水利委员会、流域流经三省（自治区）县级以上人民政府和水行政主管部门及其他相关配合部门等。③通过列举式规定和原则性规定相结合的方式明确赋予这些管理主体以相应的职责。④通过立法，在公平协商的基础上，建立一套既能实现资源共享、各方互相让步，又留有充分的发展余地，并有共同遵守愿望的一系列法律制度。

6.4.1.2 体系框架

（1）制定黑河流域水资源管理的基础性立法

综合考虑黑河流域的地位和影响力以及国内其他流域立法的先例，制定"黑河流域管理条例"为黑河流域水资源管理的基础性立法，定位为国务院制定的行政法规。将"黑河流域管理条例"作为黑河流域水资源统一管理的基础性立法，从根本上形成黑河流域水资源管理的法律依据和支撑。通过立法，可以使流域管理机构的地位更加明确、权威性更强、协调能力增强，使管理主体不局限在水行政主管部门的一个行业之内，进而使流域管理更科学合理和综合高效。

根据《中华人民共和国立法法》，行政法规的法律效力高于地方性立法和省政府规章，从而使"黑河流域管理条例"在流域流经的三省（自治区）的执行力强；根据《中华人民共和国行政处罚法》，行政法规可以设定除限制人身自由以外的行政处罚，即可以设定警告、罚款、没收违法所得、没收非法财物、责令停产停业、暂扣或者吊销许可证、暂扣或者吊销执照、行政拘留、法律、行政法规规定的其他行政处罚。有违反规定事项时，处罚就有了依据，法律责任也就可以和流域管理设定的禁止性义务规定对称，从而增强制度的威慑力，有利于相对人遵守规定；根据《中华人民共和国行政许可法》，"行政法规可以在法律设定的行政许可事项范围内，对实施该行政许可作出具体规定。地方性法规可以在法律、行政法规设定的行政许可事项范围内，对实施该行政许可作出具体规定。规章可以在上位法设定的行政许可事项范围内，对实施该行政许可作出具体规定。法规、规章对实施上位法设定的行政许可作出的具体规定，不得增设行政许可；对行政许可条件作出的具体规定，不得增设违反上位法的其他条件。"对可以设定行政许可的事项，尚未制定法律的，行政法规可以设定行政许可。由此，行政法规的定位能够满足流域管理实践的需求，丰富流域管理的手段。

通过"黑河流域管理条例"对流域管理涉及的内容做出原则性的规定，对流域机构的地位及管理职责做出明确规定，对违反禁止性规定承担相应法律责任做出明确的规定，形成流域管理相关配套法规制度建设、流域地方性法规和政府规章及规范性文件废除、修订和制定的依据与指导。利于本研究制度评估中流域管理存在的问题（详见第 5 章）的有效解决，也利于促进国家层面相关立法中存在问题的解决，为国家根据流域管理需求和实际不断修改和完善相关立法提供有益的借鉴。

（2）体系框架涉及的层面和主要内容

体系框架以制定黑河流域水资源管理的综合性基础性立法——"黑河流域管理条例"为核心，以相关配套制度体系建设和机构建设为补充。重点考虑以下几个方面：①夯实流域管理内容。以整体流域为单元，以流域的生态系统健康和可持续发展为目标，在已有的流域规划、水文监测、水量分配与调度、取水许可、工程管理、水事纠纷协调和处理等基础上，增加水质管理、地下水管理、水资源保护和综合开发利用管理、河道管理、防洪管理、生态环境建设与保护、水域和水工程管理、监督处罚及相关法律责任等内容。②拓展流域管理主体，明确主体责任。管理主体不仅仅包括黑河流域管理局，还包括国务院水行政主管部门、黄河水利委员会、流域流经三省（自治区）县级以上人民政府和水行政主管部门及其他相关配合部门、流域内的国防军工部门等。根据各主体本身管理权限和在流域管理活动中可能发挥的最大实际效益，明确各主体责任，形成以黑河流域管理机构为管理协调主体，以地方政府部门为执行责任主体的流域管理主体格局。③加强机构建设和机构能力建设，强化社会监督。根据流域管理主体格局需要，明确或成立地方的管理机构和人员配备，加强机构管理能力建设，开辟社会公众监督渠道，形成综合化、层次化、专业化、责任化、社会化的流域管理体制机制，促进流域统一管理的实现。

（3）具体框架设计

根据流域工作的重点、管理实践中存在的突出问题及流域水资源法制化管理的需求（参见工具箱 2-1、工具箱 3-1 与工具箱 5-1），分别在国家、水利部及相关部委和地方立法的层面，依据轻重缓急，有计划、分步骤地完善已有立法，协调相关立法，争取新立法，制定流域和地方政府的配套制度等，逐步实现流域水资源管理法规体系设计的框架和内容。在此思路的指导下，大方案共设计了 31 件需要制定或修订的不同层级的法律制度管理文件，包括国家行政法规 1 件、部门规章 11 件、国务院制定的规范性文件 2 件、水利部等部委单独或联合制定的规范性文件 14 件、省（自治区）人民政府制定的规章 3 件。具体见表 6-1。

表 6-1　以"黑河流域管理条例"为基础的黑河流域水法规体系框架

序号	层级	名称	领域	主要内容
1	国家行政法规	"黑河流域管理条例"（此表中简称"黑河条例"）	流域基本法	为加强黑河流域水资源节约和保护、水污染防治，提高用水效率，保障生活、生产和生态用水安全，实现黑河流域社会、经济与生态的可持续发展
2	部门规章	《黑河干流水量调度管理办法》（修订）	水量调度	为加强黑河干流水量统一调度，合理配置黑河流域水资源，促进流域经济社会发展和生态环境改善
3		"黑河流域管理行政首长责任之追究办法"	执法监督	保障地方政府在黑河流域管理上全力配合
4		"黑河流域取水许可管理办法"	取水许可	为加强黑河流域取水许可管理，规范取水的申请、审批和监督管理
5		"黑河流域骨干调蓄工程管理办法"	重要水工程建设管理	为加强对黑河骨干调蓄工程建设的监督管理，保障水工程建设符合黑河流域综合规划和防洪规划的要求
6		"黑河流域河道管理办法"	河道管理	为加强黑河河道管理，保障防洪安全
7		"黑河流域防洪法实施办法"	防洪管理	防治黑河洪水，防御、减轻洪涝灾害，维护人民的生命和财产安全
8		"黑河流域水污染防治实施办法"	水质管理	防治黑河水污染，保护和改善环境，保障饮用水安全
9		"黑河流域水土保持法实施办法"	水土保持	为预防和治理黑河水土流失，保护和合理利用水土资源，改善生态环境
10		"黑河流域环境保护法实施办法"	环境保护	为保护和改善流域生态环境，促进流域健康和可持续发展
11		"黑河流域水事纠纷处理办法"	水事纠纷协调与处理	为协调处理黑河水事纠纷，有效解决用水矛盾
12		"黑河流域省际水事协商立法管理办法"		省际、部门水事协调及协商立法，解决地方立法与流域立法的协调和一致性
13	国务院制定的规范性文件	"九七方案"（修订）	水量分配	提出不同来水情况下的水量分配
14		"黑河流域综合规划"	水资源管理与保护	为黑河流域的综合管理提供支撑
15	省（自治区）人民政府制定的规章	"甘肃省实施'黑河条例'细则"	地方配套综合立法	贯彻'黑河条例'在该区域的实施
16		"青海省实施'黑河条例'细则"		贯彻'黑河条例'在该区域的实施
17		"内蒙古自治区实施'黑河条例'细则"		贯彻'黑河条例'在该区域的实施

序号	层级	名称	领域	主要内容
18	部委单独或联合制定的规范性文件	"黑河流域水权管理办法"	激励制度	规范水权初始分配、转换及交易
19		"黑河流域生态补偿管理办法"		对黑河流域水资源开发、利用中利益受损一方或者发展受到约束一方进行合理化补偿
20		"黑河流域农民用水协会运行管理规定"	公众参与	规范农民用水协会的运行
21		"黑河流域公众参与流域管理办法"		公众参与流域管理的途径、程序、范围等
22		"黑河流域水功能区管理规定"	水资源保护与管理	规范黑河水功能区的管理
23		"黑河流域地下水管理规定"		对地下水进行有效管理
24		"黑河流域尾闾湖泊管理规定"	生态保护	对尾闾湖泊进行有效管理
25		"黑河流域上游水源涵养区保护规定"		对水源涵养区生态环境保护
26		"黑河流域水量调度突发事件应急处置规定"	应急管理	提高应对水量调度中出现的突发事件的能力，及时处理，降低风险
27		"黑河流域节水管理办法"	节水管理	节约用水、提高用水效率的途径、范围、要求及激励
28		"黑河流域建设项目水资源论证管理办法"	重要水工程建设管理	对建设项目利用水资源进行管理
29		"黑河流域土地开垦管理办法"	土地管理	对流域内土地开垦进行管理
30		"黑河流域水政监察办法"	执法监督	规范黑河水政监察主体对水法规遵守和执行情况依法进行监督检查，实施行政处罚、采取其他行政措施等行政执法活动
31		"黑河流域管理绩效评估办法"	能力建设	流域管理绩效评估

注：表格中除明确注明修订的以外，其他均为需要制定的。

6.4.2 方案二：小方案——实然法体系

6.4.2.1 设计思路

小方案是按照国家三定方案规定的黑河流域管理局职责，在现行流域管理体制下（详见第4章），按照水法相关规定，结合流域实际设计的一种实然法体系，即管理主体包括黄河水利委员会、黑河流域管理局、三省（自治区）县级以上水行政主管部门，管理主体按照现行的法律规定，履行好水行政管理的相应职责。小方案重在流域管理法规体系的梳理、拓展、补充和提升：①将《黑河干流水量调度管理办法》拓展提升为"黑河流域水资源管理办法"，增加除水量调度之外的其他相关内容，形成流域统一管理的基础性制度。②完善现有制度体系。争取把有条件和成熟的制度上升层级，把职责范围内还没有制定的制度尽快开展调研以促进制定出台。③做好两个沟通，一方面积极与水利部和黄河水利委员会沟通，争取将黑河流域管理机构业务有所拓展（即在水利部和黄河水利委员会的职权范围内拓宽授权），积极争取将相关法规体系建设计划得到水利部和黄河水利委员会的认同并列入其五年立法规划和年度立法计划；另一方面积极加强与各省（自治区）立法部门和政府部门的沟通与协调，做好地方立法体系建设和黑河立法体系建设的衔接。

6.4.2.2 体系框架

（1）制定黑河流域水资源管理的基础性法规

在现行《黑河干流水量调度管理办法》的基础上，拓展制定"黑河流域水资源管理办法"，并争取由部规章上升为国家行政法规。水量调度作为黑河流域管理局自成立以来的核心工作，《黑河干流水量调度管理办法》作为围绕这一核心工作的水利部规章，虽然实施过程中，仍然存在制度述评中指出的问题（详见第5章），但其立法基础相对于其他制度建设来说是最好的，也有很好的实施效果和基础。因此，有必要对其实施情况进行制度后评估、修改和完善，并将内容有所拓展，上升为"黑河流域水资源管理办法"。该办法内容依据黑河流域管理局作为黄河水利委员会派出机构，可在黄河水利委员会职权范围职能之内扩大授权，不仅涉及水量调度，还应加入水土保持管理、水利工程管理以及水政管理等内容，并争取将其上升为国家行政法规，形成黑河流域水资源综合管理的法律依据。

（2）体系框架涉及的层面和主要内容

体系框架以制定黑河流域水资源管理的综合性基础性法规——"黑河流域水资源管理办法"为核心，以相关配套制度体系建设和机构建设为补充。重点考虑以下几个方面：①丰富流域管理内容。以整体流域为单元，以流域的生态系统健康和可持续发展为目标，在已有的流域规划、水文监测、水量分配与调度、取水许可、工程管理、水事纠纷协调和处理等基础上，争取水利部和黄河水利委员会扩大授权，增加水资源保护和综合开发利用管理、河道管理、防洪管理、水土保持管理、水域和水利工程管理、监督处罚及相关法律责任等内容。②明确各级责任主体及部门间协作机制。以水利部、黄河水利委员会为领导责任主体，黑河流域管理局为协调责任主体，流域流经三省（自治区）县级以上人民政府和水行政主管部门及其他相关部门、流域内国防军工部门等为执行责任主体，建立以水管理部门为主线的流域协作机制及问责机制，强化流域综合管理体制机制。③加强机构能力建设，强化社会公众监督。根据流域管理实际需要，加强流域机构管理能力及配套制度建设，开辟社会公众参与监督渠道，形成系统化、制度化、专业化、责任化、社会化的流域管理体制机制，促进流域统一管理的实现。

（3）具体框架设计

根据流域工作的重点、管理实践中存在的突出问题及流域水资源法制化管理的需求（参见工具箱2-1、工具箱3-1和工具箱5-1），小方案共设计了14件需要制定或修订的不同层级的法律制度管理文件，包括国家行政法规1件、部门规章3件、国务院制定的规范性文件2件、水利部等部委单独或联合制定的规范性文件5件、省（自治区）人民政府制定的规章3件。具体见表6-2。

表6-2 以"黑河流域水资源管理办法"为基础的黑河流域水法规体系框架

序号	层级	名称	领域	主要内容
1	国家行政法规	"黑河流域水资源管理办法"	流域基本法	为加强黑河流域水资源统一管理，合理配置黑河流域水资源，促进流域经济社会发展和生态环境改善

序号	层级	名称	领域	主要内容
2	部门规章	"黑河流域取水许可管理办法"	取水许可	为加强黑河流域取水许可管理，规范取水的申请、审批和监督管理
3		"黑河流域骨干调蓄工程管理办法"	重要水工程建设管理	为加强对黑河流域骨干调蓄工程建设的监督管理，保障水工程建设符合黑河流域综合规划和防洪规划的要求
4		"黑河流域水事纠纷处理办法"	水事纠纷协调与处理	为协调处理黑河流域水事纠纷，有效解决用水矛盾
5	国务院制定的规范性文件	"九七方案"（修订）	水量分配	提出不同来水情况下的水量分配
6		"黑河流域综合规划"	水资源管理与保护	为黑河流域的综合管理提供支撑
7	省（自治区）人民政府制定的规章	甘肃省实施《黑河流域水资源管理办法》细则"		贯彻"黑河流域水资源管理办法"在该区域的实施
8		"青海省实施《黑河流域水资源管理办法》细则"	水资源保护与管理	贯彻"黑河流域水资源管理办法"在该区域的实施
9		"内蒙古自治区实施《黑河流域水资源管理办法》细则"		贯彻"黑河流域水资源管理办法"在该区域的实施
10	部委单独或联合制定的规范性文件	"黑河流域水权管理办法"	激励制度	规范水权初始分配、转换、交易等
11		"黑河水量调度突发事件应急处置规定"	水量调度	提高应对水量调度中出现的突发事件的能力，及时处理，降低风险
12		"黑河建设项目水资源论证管理办法"		对建设项目利用水资源进行管理
13		"黑河水政监察办法"	执法监督	规范黑河水政监察主体对水法规遵守和执行情况依法进行监督检查，实施行政处罚、采取其他行政措施等行政执法活动
14		"黑河流域公众参与流域管理办法"	公众参与	公众参与流域管理的途径、程序、范围等

注：表格中除明确注明修订的以外，其他均为需要制定的。

6.4.3　方案三：中方案——折中方案

6.4.3.1　设计思路

大方案是按照法理和流域实际设计的一种应然法体系，涉及的内容和范围较广，小方案是在现行流域管理体制下设计的一种实然法体系，属于一种改良方案。考虑到操作难度和可行性，流域管理实际和效果需求，特提出第三套方案，即折中方案。折中方案主要基于以下思路：①根据现行水资源管理上位法（《中华人民共和国水法》等），在黑河流域管理局上级主管部门（水利部、黄河水利委员会）职能范围内给黑河流域管理局拓展授权。②在管理主体上不仅包括黑河流域管理局，还包括国家水行政主管部门、黄河水利委员会、流域流经三省（自治区）县级以上人民政府和水行政主管部门及其他相关配合部门等。③以水利部为主，自然资源部和生态环境部等部门配合，协调多部门和地方政府共同拟定"黑河流域水资源管理条例"，争取列入国务院立法规划和年度计划。④以"黑河流域水资源管理条例"制定为核心，在进一步加强部门沟通、公平协商的基础上，建立一套资源共享，各方能互相让步，又留有充分发展余地，并有共同遵守意愿的黑河流域水资源管理法规体系。

6.4.3.2 体系框架

（1）制定黑河流域水资源管理的基础性立法

仍然以制定具有较高法律权威的国务院行政法规——"黑河流域水资源管理条例"作为黑河流域水资源管理的基础性立法为核心，通过列举式规定和原则性规定相结合的方式明确赋予各级管理主体相应的职责，包括有违反禁止性规定的法律责任的规定。该条例内容依据黑河流域管理局作为水利部和黄河水利委员会派出机构，可在黄河水利委员会职权范围职能之内扩大授权，增加排污许可和水质监测、地下水管理、生态环境保护、水利工程管理以及社会监督和监察处罚等内容，形成黑河流域管理相关配套法规制度建设，流域地方性立法和政府规章以及规范性文件废除、修订和制定的基本依据和指导。

（2）体系框架涉及的层面和主要内容

体系框架以制定黑河流域水资源管理的综合性基础性立法——"黑河流域水资源管理条例"为核心，以相关配套制度体系建设和机构建设为补充。重点考虑以下几个方面：①充实流域管理内容。以整体流域为单元，以流域的生态系统健康和可持续发展为目标，在已有的流域规划、水文监测、水量分配与调度、取水许可、工程管理、水事纠纷协调与处理等基础上，争取水利部和黄河水利委员会扩大授权，增加排污许可和水质监测、地下水管理、水资源保护和综合开发利用管理、河道管理、防洪管理、水土保持管理、水利工程管理、监督处罚及相关法律责任等内容。
②明确各级责任主体及部门间协作机制。根据各主体本身管理权限和在流域管理活
动中可能发挥的最大实际效益，明确各主体责任，形成以水利部、黄河水利委员会
为领导责任主体，黑河流域管理局为协调责任主体，流域流经三省（自治区）县级
以上人民政府和水行政主管部门及其他相关配合部门、流域内的国防军工部门等为
执行责任主体的流域管理主体格局。③加强流域机构管理能力建设，建立流域协作
机制及问责机制。④加强配套制度建设，强化社会公众监督。围绕基本法，依据流
域管理需求的紧迫程度和重要程度，通过有步骤地制定、修改和不断完善流域管理
的配套制度、地方性立法和政府规章及规范性文件，同时积极开辟社会公众参与监
督的渠道，形成综合化、层次化、责任化、社会化、高效化的流域管理体制机制，
促进流域统一管理的实现。

（3）具体框架设计

在此思路的指导下，综合工具箱 2-1、工具箱 3-1 与工具箱 5-1，折中方案共设
计了 26 件需要制定或修订不同层级的法律制度管理文件，包括国家行政法规 1 件、
部门规章 7 件、国务院制定的规范性文件 2 件、水利部等部委单独或联合制定的规
范性文件 13 件、省（自治区）人民政府制定的规章 3 件。具体见表 6-3。

表 6-3 以"黑河流域水资源管理条例"为基础的黑河流域水法规体系框架

序号	层级	名称	领域	主要内容
1	国家行政法规	"黑河流域水资源管理条例"（表内简称"黑河水条例"）	流域基本法	为加强黑河流域水资源节约和保护、水污染防治，提高用水效率，保障生活、生产和生态用水安全，实现黑河流域社会、经济与生态的可持续发展
2	部门规章	《黑河干流水量调度管理办法》（修订）	水量调度	为加强黑河干流水量统一调度，合理配置黑河流域水资源，促进流域经济社会发展和生态环境改善
3		"黑河流域管理行政首长责任之追究办法"	执法监督	保障地方政府在黑河流域管理上全力配合
4		"黑河流域取水许可管理办法"	取水许可	为加强黑河流域取水许可管理，规范取水的申请、审批和监督管理
5		"黑河流域骨干调蓄工程管理办法"	重要水工程建设管理	为加强对黑河骨干调蓄工程建设的监督管理，保障水工程建设符合黑河流域综合规划和防洪规划的要求

序号	层级	名称	领域	主要内容
6	部门规章	"黑河流域水土保持法办法"	水土保持	为预防和治理黑河流域水土流失，保护和合理利用水土资源，改善生态环境
7		"黑河流域水事纠纷处理办法"	水事纠纷协调与处理	为协调处理黑河流域水事纠纷，有效解决用水矛盾
8		"黑河流域省际水事协商立法管理办法"		省际、部门水事协调及协商立法，解决地方立法与流域立法的协调和一致性
9	国务院制定的规范性文件	"九七方案"（修订）	水量分配	提出不同来水情况下的水量分配
10		"黑河流域综合规划"	水资源管理与保护	为黑河流域的综合管理提供支撑
11	省（自治区）人民政府制定的规章	"甘肃省实施'黑河水条例'细则"	地方配套综合立法	贯彻"黑河水条例"在该区域的实施
12		"青海省实施'黑河水条例'细则"		贯彻"黑河水条例"在该区域的实施
13		"内蒙古自治区实施'黑河水条例'细则"		贯彻"黑河水条例"在该区域的实施
14	部委单独或联合制定的规范性文件	"黑河流域水权管理办法"	激励制度	规范水权初始分配、转换和交易
15		"黑河流域生态补偿管理办法"		对黑河流域水资源开发、利用中利益受损一方或者发展受到约束一方进行合理化补偿
16		"黑河流域农民用水协会运行管理规定"	公众参与管理	规范农民用水协会的运行
17		"黑河流域公众参与流域管理办法"		公众参与流域管理的途径、程序、范围等
18		"黑河流域水功能区管理规定"	水资源保护与管理	规范黑河水功能区的管理
19		"黑河流域地下水管理规定"		对地下水进行有效管理
20		"黑河流域尾闾湖泊管理规定"		对尾闾湖泊进行有效管理
21		"黑河流域上游水源涵养区保护规定"	生态保护	对水源涵养区生态环境保护
22		"黑河水量调度突发事件应急处置规定"	应急管理	提高应对水量调度中出现的突发事件的能力，及时处理，降低风险
23		"黑河流域土地开垦管理办法"	土地管理	对流域内土地开垦进行管理

序号	层级	名称	领域	主要内容
24	部委单独或联合制定的规范性文件	"黑河流域建设项目水资源论证管理办法"	水工程管理	对建设项目利用水资源进行管理
25		"黑河流域水政监察办法"	执法监督	规范黑河水政监察主体对水法规遵守和执行情况依法进行监督检查,实施行政处罚、采取其他行政措施等行政执法活动
26		"黑河流域管理绩效评估办法"	能力建设	流域管理绩效评估

注:表格中除明确注明修订的以外,其他均为需要制定的。

6.5 黑河流域最严格水资源管理法规体系框架涉及的重要制度说明

(1)管理机构及其权限

需明确流域管理机构的独立地位,给予其充分的管理权限。从各国的实践来看,以流域为单元进行统一规划,综合管理是流域管理的主要趋势,与此同时,建立流域管理机构是流域水资源管理和机构设置的主要趋势;流域管理机构功能的实现还依赖于相应的权限配置,尤其是对于跨区域的流域管理机构来说,独立的法律地位以及综合管理权限的配置是机构职能实现的根本保障,应该强化现有流域管理机构的职能,增强其对流域事务的可控性和权威性;理顺流域管理机构与其他水资源监管机构的法律关系是水资源有效利用的重要内容,要明确各机构的职责,包括以谁为主、其相应的职权是什么、其他各部门有哪些,其协作职责是什么、主要部门和其他部门之间的关系、这些部门不履行相应的职责应承担什么样的法律责任等;法律应明确在黑河流域建立流域统一管理与区域管理相结合、区域管理服从流域管理的流域管理体制,合理划分黑河流域管理机构和地方省(自治区)的职责与权限。注意流域立法制度设计与其他法律之间、与国家流域管理政策之间以及与相关省(自治区)地方立法之间的协调。

(2)流域综合规划和专业规划

需加强水资源规划制度,确保规划顺利编制、实施。根据《中华人民共和国水法》及有关法律法规中关于黑河流域水资源规划的规定，须规定水资源规划编制的主体、规划的编制与审批、规划的实施、水资源规划的修改、监督检查和法律责任等内容。从流域管理的目标和方向来看，应赋予黑河流域管理机构编制流域综合规划和相关专业规划并监督实施的职权，以保障综合治理的实效。

（3）水资源分配与调度

需要明确水资源分配与调度权限，确立水事协商机制，具体如下。

1）目前流域管理机构的权限限于水资源调度和灌区节水改造、生态工程建设，在水资源保护、重要水工程建设与管理、流域管理执法等方面没有相应权限。缺乏系统和全面的权限配置，不利于流域统一调度的实施。因此，立法须对此予以考虑，建立有利于实现统一调度的流域机构职责。

2）实施取水许可制度是水资源统一管理的核心。黑河流域机构根据黄河水利委员会的委托实施取水许可管理工作，这种委托管理的机制在管理权限和实效方面都有限，因此需要在流域立法中明确流域管理机构在取水许可方面的权限，并配以实施细则，保障操作性和实效性，从体制和机制上解决水资源管理地区分割现象，使水资源更合理地配置，发挥水资源的综合效益，从而促进流域内经济社会的协调发展。

3）黑河流域综合治理和水资源分配与调度事关流域内青海、甘肃、内蒙古三省（自治区）和酒泉卫星发射中心的经济、社会发展和生态环境保护，涉及水利、林业、环保、农业、国土资源和国防等部门。因此，在明确流域管理机构权限以及流域管理机构与地方政府事权划分的基础上，有必要在立法中确立流域水事协商机制，特别是加强跨界纠纷解决的能力，统一水行政处罚标准，以协调解决流域综合治理的重大问题，规范协商机制的组成、权责和议事规则以及监督实施等。

（4）河道与工程管理

河道与工程是水量分配和调度的基础设施，立法须保证基础设施的建设符合水资源统一管理的实际需要，要保证重大控制性水工程符合流域综合规划，要加强对水工程的可行性的审查和审批，水工程建设涉及防洪的，依照《中华人民共和国防洪法》的有关规定执行；涉及其他地区和行业的，建设单位应当事先征求有关地区和部门的意见。河道与工程管理立法须明确下述问题：河道管理范围的确定方式；工程管理审批权限；施工管理；监督检查和法律责任等。

（5）水资源利用与保护

需进一步完善水资源高效利用、节约与保护的法律保障。具体包括。

1）建立以水权转让机制为核心的水权管理制度。水资源的优化配置是以水权管理和市场经济为基础的，因此需要建立完善的水权体系和成熟的水权市场（刘洪先，2002）。一方面，根据我国现行制度和水权理论，《中华人民共和国水法》确立了国家水资源所有权，《水量分配暂行办法》确立了区域行政机构初始水权，通过流域机构和水行政部门实施《取水许可和水资源费征收管理条例》和《取水许可管理办法》，确立了取水人取水权（徐金海，2011）；另一方面，根据我国现行法律，水资源产权是不能进行交易的，能够进入水权交易市场参与市场交易的只能是水资源的使用权（王晓等，2003），这使得我国水权交易仍存在法律上的障碍。因此，黑河流域立法就水权管理的规定，须首先通过制定水资源规划和实施《水量分配暂行办法》，逐级明晰初始用水权，确定水资源的宏观控制指标和微观定额指标，在此基础上根据《取水许可和水资源费征收管理条例》和《取水许可管理办法》培养水权交易二级市场，实施取水权的交易，促进节约用水和水资源合理利用的市场机制的形成。

2）建立有利于促进节约用水和水资源合理利用的水价形成机制。水价的确定必须符合价值规律的要求，体现水作为一种稀缺资源所应有的价值。尽管我国现行的《中华人民共和国水法》《水利工程供水价格管理办法》等法规制度对水价的厘定都有相关涉及，但我国的水价制度仍然相当不完善。水资源使用主体缺乏节约和保护水资源内在的动力，市场在水资源配置中的基础性作用无法充分发挥，我国的水价与国际水价相比严重偏低。水价偏低直接导致许多地区在水资源使用上不计环境成本，过度发展用水密集型农业和高耗水、高排放工业。基于此，考虑到黑河流域农业灌溉用水占据了90%以上的用水量，而且工业、城镇居民用水的水价体系都较为完善，建议主要采取以下改革措施：一是确定基准水价；二是实行分作物水价，不同作物、不同用途的用水效益不同，针对不同作物，如粮食、经济作物和水果等进行分类，分别征收不同的水价；三是实行分季节水价，对不同季节确定水资源费标准时，应充分考虑到汛期来水量大而需求量相对较小、非汛期来水量小而需求量相对较大的特点（郭爱君和周兴福，2005）。此外，阶梯水价与统一提高水价相比更能体现公正，可以照顾大多数人的利益，更符合用水者的承载能力。与阶梯水价类似，超额水价指农业用水实行分段计费，对基准用额内适用正常水价，超过限额部分使用高水价。高额回收制度指对企业和居民而言，相对于分配定额，通过利用各种节水技术、方法节约的那一部分水资源，由国家通过一定的方式进行高价回收，该方法适合在水权市场发育不成熟时使用。因此，建议在相关法律中确定阶梯水价、超额水价以及高额回收制度，以鼓励节水灌溉、节水生产以及使用节水技术，在节约用水的同时促进水市场的形成。

3）加强黑河流域水资源的保护。黑河流域水资源保护，需要就下述问题做出规定：省界水体水环境质量标准、省（自治区）河段水环境容量和污染物入河排放总量指标的确定，流域机构和省（自治区）在取水许可管理中控制入河排污总量的职责，水土保持、水质监测和重大水污染报告制度。由于黑河上中下游水文地貌、生态环境、社会经济差异很大，应该实行有区别的治理策略：上游应以加强天然林和天然草场为主，涵养水源；中游应以供定需，保护生态环境；下游应加强人工绿洲建设，严禁超载放牧和垦荒，遏制下游地区生态环境恶化的状况。此外，要贯彻执行用水收费制度，利用市场和企业化的管理机制结合经济杠杆，提高用水效率；制订和应用水污染监测和管理体系，防止水资源的污染。

4）完善黑河流域生态补偿机制。黑河流域生态环境的保护和改善的长效机制是通过法律、行政与经济的手段，形成生态环境保护和治理的综合机制。生态环境保护应该立足于黑河流域水资源和生态环境现状，因地制宜确定流域生态环境保护制度，包括流域生态环境保护的法律原则、管理体制、水资源管理、水污染的防治、生态建设、开发建设的管理和农村环境保护等方面。因此，应当以现行上位立法为依据，结合国家政策和生态保护理论，从黑河流域水资源和流域管理的实际出发，在流域管理立法中对保护黑河生态环境做出专门规定，进一步明确流域管理机构的法律地位，赋予管理生态补偿的行政职能，负责规划流域生态补偿、管理和使用生态补偿基金、监测生态补偿行动以及处理有关生态补偿的纠纷。黑河流域生态环境保护的法制化，不仅有利于理顺流域生态治理中的结构和利益矛盾，而且可以避免法律冲突、提高立法质量和增进实施绩效，将生态环境保护纳入黑河流域综合管理的系统工程之中。目前开展的生态补偿工作中，青海省制定了《关于探索建立三江源生态补偿机制的若干意见》，从 2006 年起取消了对三江源主要地区的 GDP 考核，确定了 11 项生态补偿政策。内蒙古自治区印发了《内蒙古自治区人民政府办公厅关于健全生态保护补偿机制的实施意见》，明确提出到 2020 年，森林、草原、湿地、荒漠、水流、耕地等重点领域和禁止开发区、重点生态功能区等重要区域实现生态保护补偿全覆盖，补偿水平与经济社会发展相适应；探索建立跨地区、跨流域补偿试点，多元化补偿机制初步建立，进一步使生态文明建设迈上新台阶。

甘肃省印发了《甘肃省渭河流域水环境生态补偿实施方案（试行）的通知》（甘财经二〔2017〕4号），以渭河流域上游的定西市和下游的天水市为试点开展生态补偿。这些有益尝试也为黑河流域开展横向补偿积累了宝贵经验，流域上下游地区可根据实际需求及实施成本等综合因素，协商选择资金补偿、排污权交易、对口协作、产业转移、人才培训、共建园区等多种方式开展生态补偿。

（6） 制度建设中渗透流域生态系统管理的理念

为加强黑河流域水资源管理与调度的有效性与持久性，我们不仅仅要大力解决水量调度有关的管理及法制问题，更要意识到流域综合管理的重要性，及时加强流域生态系统管理，重视生态系统的完整性、参与的广泛性、方法和手段的多样性、相关利益主体的合作与协调性等相关内容。从整个流域全局出发，统筹安排，综合管理，合理利用和保护流域内各种资源和环境，从而实现流域综合效益最大和社会经济的可持续发展（仇蕾等，2004）。

（7） 公众参与强化监督

长期以来，我国立法已经习惯行政机关主导的模式，大部分法律草案由行政机关起草。流域立法牵扯到方方面面，因此，在体系建设中应该明确公众参与的具体办法。强调通过环境教育切实提高公众参与的意识和水平。建立流域民主商议制度，通过吸收包括公众、区域各相关行政部门和企业的代表、流域代表等利益相关者，在流域管理机构的主持下，共同商定流域保护、建设、开发等相关事宜。

例如，在水资源利用方面，黑河流域张掖段成立了农民用水户协会。农民用水户协会的成立旨在完善用水户参与管理体制，并涉及灌区部分水利设施的所有权转让问题，这就需要在法律和政策上给予保障。因此，我们应在相关法律中明确农民用水户协会是具有法人地位的经济实体，明晰转让水利设施的所有权和使用权的关系，使农民用水户协会切实自主负责管好所辖区域内水利设施，合理分配水量，节约灌溉用水，提高用水效率，促进流域水资源管理的良性运行。因此，通过公众参与，可以对流域内事务及相关各方的管用水行为进行有效监督，促使流域水资源管理及制度保障有力运行。

（8） 科学严谨其他相关

对流域水资源管理法规体系中涉及的其他制度和规定，要严谨明确。例如，涉及的主要词汇、短语或者术语的含义要依法进行具体而明确的界定或者描述，便于执行。

6.6 黑河流域最严格水资源管理法规体系建设方案推荐及近期立法规划建议

黑河流域最严格水资源管理法规体系建设三套设计方案的对比分析，推荐其中的第三套方案——折中方案，借鉴全国人大常委会立法规划、国务院立法规划、地方人大常委会立法规划、《黄委水法规体系建设近期立法规划》等制定的经验，为加强近期黑河配套水法规体系的建设管理，按照制定机关和效力等级不同，将黑河的立法项目分为国家行政法规、部门规章、国务院制定的规范性文件、部委单独或联合制定的规范性文件 4 个层次，主要包括流域基本法 1 件、水资源管理与保护 5 件、水量调度与分配 2 件、取水许可 1 件、重要水工程建设管理 2 件、水土保持 1 件、激励制度 2 件、公众参与 2 件、应急管理 1 件、土地管理 1 件、水事纠纷协调与处理 2 件、执法监督 2 件、能力建设 1 件，共计 23 件立法项目（地方规章是地方针对"黑河流域水资源管理条例"的实施细则，需在条例出台之后再补充，所以本规划中暂不含地方规章的相关内容），其中国家行政法规 1 件、部门规章 7 件、国务院制定的规范性文件 2 件、部委单独或联合制定的规范性文件 13 件。

立法规划将立法项目分为三类。第一类是条件比较成熟、任期内拟提请审议的法规草案，共 9 件，其中包括新制定项目 7 件，修订项目 2 件。第二类是需要抓紧工作、条件成熟时提请审议的法规草案，共 1 件。第三类是立法条件尚不完全具备、需要继续研究论证的立法项目，共 13 件。见表 6-4。

表 6-4 黑河流域最严格水资源管理法规体系建设近期立法规划

序号	层级	名称	主要内容	主要任务
1	国家行政法规	"黑河流域水资源管理条例"	流域基本法	预备
2	部门规章	"黑河干流水量调度管理办法"	水量调度	修改
3		"黑河流域管理行政首长责任之追究办法"	执法监督	制定
4		"黑河流域取水许可管理办法"	取水许可	制定

序号	层级	名称	主要内容	主要任务
5	部门规章	"黑河流域骨干调蓄工程管理办法"	重要水工程建设管理	制定
6		"黑河流域水土保持法办法"	水土保持	调研
7		"黑河流域水事纠纷处理办法"	水事纠纷协调与处理	制定
8		"黑河流域省际水事协商立法管理办法"		调研
9	国务院制定的规范性文件	"九七方案"（修订）	水量分配	修改
10		"黑河流域综合规划"	水资源管理与保护	制定
11	部委单独或联合制定的规范性文件	"黑河流域水权管理办法"	激励制度	调研
12		"黑河流域生态补偿管理办法"		调研
13		"黑河流域农民用水协会运行管理规定"	公众参与	制定
14		"黑河流域公众参与流域管理办法"		调研
15		"黑河流域水功能区管理规定"	水资源保护与管理	调研
16		"黑河流域地下水管理规定"		调研
17		"黑河流域尾闾湖泊管理规定"		调研
18		"黑河流域上游水源涵养区保护规定"		调研
19		"黑河水量调度突发事件应急处置规定"	应急管理	调研
20		"黑河流域土地开垦管理办法"	土地管理	调研
21		"黑河流域建设项目水资源论证管理办法"	重要水工程建设管理	调研
22		"黑河流域水政监察办法"	执法监督	制定
23		"黑河流域管理绩效评估办法"	能力建设	调研

注：表格中除明确注明修订的以外，其他均为需要制定的。

参 考 文 献

蔡守秋．2004．第三种调整机制——从环境资源保护和环境资源法角度进行研究（上）．中国发展，
　　（1）：33-40．

常纪文．2015-04-08．新环保法遭遇实施难题．经济参考报，第6版．

陈小江．2012．可持续的黄河水资源管理．人民黄河，34（10）：1-2．

董瑞强．2018．水利部部长陈雷：年底前全面建立河长制、湖长制．http：//www．eeo．com．cn/2018/
　　0312/324327．shtml［2018-3-12］．

董哲仁．2009．欧盟水框架指令的借鉴意义．水利水电报，30（9）：73-77．

段疆．2017．黑河干流水量分配调整方案与实际调度的耦合分析．水利规划与设计，（7）：32-35．

甘肃省张掖地区行政公署水利电力处．1993．张掖地区水利志．兰州：甘肃人民出版社．

耿清蔚，臧贵敏，孙志．2014．深刻理解《太湖流域管理条例》努力践行最严格水资源管理制度．水
　　利规划与设计，（7）：26-29．

郭爱君，周兴福．2005．试论干旱区水价制度的变革与创新——以黑河流域为例//西部论坛暨中国西
　　部地区科技经济与社会发展论坛．

郭焕庭．2001．国外流域水污染治理经验及对我们的启示．环境保护，（8）：39-40．

郭文芳．2011．《太湖流域管理条例》立法背景及主要内容．中国水利，（21）：5-6．

和夏冰，殷培红．2017．澳大利亚流域规划的法律规定及启示．国土资源情报，（9）：19-24．

贺缠生，傅伯杰．1998．美国水资源政策演变及启示．资源科学，（1）：71-77．

侯庆丰，孔庆文．2006．河西内陆河流域农灌水权制度历史变迁的经验启示．华北水利水电大学学报
　　（社会科学版），22（3）：103-106．

胡孟春，蒋建国，张更生，等．2002．黑河流域生态功能区划及其保护．农村生态环境，18（1）：1-5

黄德春，陈思萌，张昊驰．2009．国外跨界水污染治理的经验与启示．水资源保护，25（4）：78-81．

纪平．2011．加强立法 为流域可持续发展提供法律保障．中国水利，（21）：5．

贾祥明，贺红斌．2004．澳大利亚水资源管理制度改革及借鉴．山西水利，（4）：20-22．

贾颖娜，赵柳依，黄燕．2016．美国流域水环境治理模式及对中国的启示研究．环境科学与管理，
　　41（1）：21-24．

姜传隆．2017．美国特拉华河流域管理经验及启示．水科学与工程技术，（3）：49-52

姜彤．2002．莱茵河流域水环境管理的经验对长江中下游综合治理的启示．水资源保护，（3）：45-
　　50，70．

焦爱华，杨高升．2002．澳大利亚可持续发展水政策及启示．水利水电科技进展，（2）：63-65．

焦慧生．2008．黑河调水对中下游生态的影响．中国防汛抗旱，（增1）：76-78，96．

可持续流域管理政策框架研究课题组．2011．英国的流域涉水管理体制政策及其对我国的启示．水利

发展研究，11（5）：77-81.

李琛奇，陈发明.2017-10-31.调活一河水业兴生态美——黑河流域水资源统一调度调查.经济日报，第10版.

李大鹏，杨艳蓉，仇杰，等.2016.黑河流域水资源综合管理研究.甘肃：甘肃文化出版社.

李代鑫，叶寿仁.2001.澳大利亚的水资源管理及水权交易.中国水利，（6）：41-44.

李国英.2009.黄河水利委员会主任李国英就《黑河干流水量调度管理办法》有关问题答记者问.http://news.hexun.com/2009-05-13/126089127.html［2019-5-14］.

李俊.2012.淮北市地下水污染及对生态环境的影响.科技创新与应用，（1）：72.

李坤，张勇.2005-9-6.值得借鉴的流域水资源管理模式——《新疆维吾尔自治区塔里木河流域水资源管理条例》解读.中国水利报，第4版.

李瑞娟，徐欣.2016-02-03.美国流域管理对我国有哪些启示？中国环境报，第3版.

李生潜.2019.石羊河流域实施最严格水资源管理的实践探索.中国水利，（11）：16-18.

林亮.2005.美国水资源法规最新发展趋势.中国标准化，（7）：22-24.

刘春生，廖虎昌，熊学魁，等.2011.美国水资源管理研究综述及对我国的启示.未来与发展，34（6）：45-49.

刘洪先.2002.国外水权管理特点辨析.水利发展研究，（6）：1-3，17.

刘健.1998.莱茵河流域的开发建设及成功经验.世界农业，（2）：3-5.

刘新民，刘源月，夏溶矫，等.2015.新环保法生根基层难在哪？——基于调查问卷和座谈会的调研报告.环境经济，（12）：14-16.

柳小龙，董国涛，赵梦杰，等.2017.黑河干流水量分配方案的适应性评价.人民黄河，39（1）：65-69.

吕忠梅.2014.《环境保护法》的前世今生.政法论丛，（5）：51-61.

马丁·格里菲斯.2008.欧盟水框架指令手册.水利部国际经济技术合作交流中心组织译.北京：中国水利水电出版社.

马克明，傅伯杰，黎晓亚，等.2004.区域生态安全格局：概念与理论基础.生态学报，24（4）：761-768.

梅青，张怡.2011.深入学习《太湖流域管理条例》依法开展流域防汛抗旱工作.中国防汛抗旱，21（6）：1-3.

米切尔B.2001.资源与环境管理.蔡运龙译.北京：商务印书馆.

钱国权.2015.清代河西走廊的水利制度和技术.干旱区地理，38（3）：525-530.

乔西现，石国安.2006.黑河水量统一调度实践与探索.人民黄河，（4）：3-4.

仇蕾，王慧敏，佟金萍.2004.流域实施"生态系统管理"的探讨.环境保护，（6）：31-34.

冉东亚.2005.综合生态系统管理理论与实践.北京：中国林业科学研究院.

阮本清，梁瑞驹，王浩.2001.流域水资源管理.北京：科学出版社.

陕西省九大灌区改造项目办公室考察组 . 2001. 澳大利亚水利管理的几点启示 . 陕西水利，（4）：44-45.

沈满洪，何灵巧 . 2004. 黑河流域新旧"均水制"的比较 . 人民黄河，26（2）：27-28，41.

沈文清，鄢帮有，刘梅影 . 2009. 莱茵河的前世 鄱阳湖的今生？——莱茵河流域管理对鄱阳湖综合治理的启示 . 环境保护，（7）：68-72.

石秋池 . 2005. 欧盟水框架指令及其执行情况 . 中国水利，（22）：66-67，53.

谭伟 . 2010. 《欧盟水框架指令》及其启示 . 法学杂志，31（6）：118-120.

唐娟 . 2004. 英国水行业政府监管模式的改革 . 经济社会体制比较，（4）：127-133.

田慧颖，陈利顶，吕一河，等 . 2006. 生态系统管理的多目标体系和方法 . 生态学杂志，25（9）：1147-1152.

田杰，石剑，张影 . 2013. 国外流域管理开发成功经验对海河流域的启示 . 经营管理，（2）：94-95.

王灿发 . 2016. 新《环境保护法》实施情况评估研究简论 . 中国高校社会科学，（4）：108-114.

王寒晋 . 2017. 浅析环保执法的困境——以新环保法环评与排污费征收为视角 . 法制与社会，（10）：209-211.

王晓，韩宝平，顾强 . 2003. 建立我国水权交易机制的七项基本制度保障 . 水利发展研究，（5）：22-24.

王亚华 . 2011-11-03. 中国迈向流域综合管理的重要进展 . 中国水利报，第5版 .

王燕，施维蓉 . 2010. 《欧盟水框架指令》及其成功经验 . 节能与环保，（7）：14-16.

温娅丽 . 2004. 黑河流域生态环境保护及对策 . 甘肃科技，（8）：1-3，5.

伍光和，江存远 . 1997. 甘肃省综合自然区划 . 兰州：甘肃科学技术出版社 .

席西民，刘静静，曾宪聚，等 . 2009. 国外流域管理的成功经验对雅砻江流域管理的启示 . 长江流域资源与环境，18（7）：635-640.

肖文燕 . 2010. 20 世纪国外流域管理经验及对鄱阳湖流域管理的启示 . 江西财经大学学报，（6）：83-88.

徐辉，张大伟 . 2007. 我国流域可持续发展的国家立法评价 . 生态经济，（11）：37-41.

徐辉，张大伟 . 2007. 中国实施流域生态系统管理面临的机遇和挑战 . 中国人口·资源与环境，17（5）：148-152.

徐辉 . 2008. 流域生态系统管理的保障体系研究——理论与实践 . 兰州：兰州大学 .

徐荟华，夏鹏飞 . 2006. 国外流域管理对我国的启示 . 水利发展研究，（5）：56-59.

徐金海 . 2011. 论我国水权制度的法律构造 . 中国水利，（6）：115-117.

徐永军 . 2015. 浅谈塔里木河流域水资源管理控制红线措施研究 . 河南水利与南水北调，（9）：56-57.

徐宗学，李占玲，史晓崑 . 2007. 石羊河流域主要气象要素及径流变化趋势分析 . 资源科学，29（5）：121-128.

薛婕，罗宏 . 2009. 流域环境风险管理探讨 . 环境科技，22（S2）：51-54.

杨志峰，冯彦，王烜，等.2003.流域水资源可持续利用保障体系：理论与实践.北京：化学工业出版社环境科学与工程出版中心.

姚国刚.2013.塔里木河流域落实最严格水资源管理制度的思考.黑龙江水利科技,41（5）：205-207.

姚勤华，朱雯霞，戴轶尘.2006.法国、英国的水务管理模式.城市问题,（8）：79-86.

姚彤.2014-05-20.《自治区塔里木河流域水资源管理条例》拟修订塔河流域或将实行最严水资源管理制度,新疆日报.

叶得明，杨婕妤.2013.石羊河流域农业经济和生态环境协调发展研究.干旱区地理,36（1）：76-83.

于嘉.2017.我国第二大内陆河科学分水 沙源湖泊13年波光粼粼.http：//www.xinhuanet.com/2017-08/27/c_1121548888.htm［2019-5-14］.

岳林锟.2017.黄藏寺：守得云开见月明.http：//www.yellowriver.gov.cn/special/hhstddx/201708/t20170830_179485.html［2017-8-1］.

张大伟，王聪，王道席，等.2016.基于流域生态系统管理的黑河流域法规体系框架思考.水利经济,34（2）：49-52,67,85.

张景霞.2010.历史时期黑河流域水土资源开发利用研究.兰州大学学报（社会科学版）,38（6）：81-84.

张兰，宋金华.2008.唐朝《水部式》的主要内容及其评析//中国法学会环境资源法学研究会,水利部，河海大学.水资源可持续利用与水生态环境保护的法律问题研究——2008年全国环境资源法学研讨会（年会）论文集.中国法学会环境资源法学研究会、水利部、河海大学：中国法学会环境资源法学研究会.

张岚.2010.美国水资源普查.水利发展研究,10（2）：71-75.

张艳芳，石琰子.2011.国外治理经验对长江流域立法的启示——以美国田纳西流域为例.人民论坛,（5）：90-91.

张永贵，陈敏俭.2008.黑河分水曲线修正调整方案研究.水利建设与管理,28（7）：76,79-80.

赵根兴.2008.澳大利亚水利管理和环境保护.河南水利与南水北调,（12）：53-55,68.

郑利民，李信，黄福贵，等.2010.黑河干流取水许可与水量调度关系浅析.西北水电,（4）：5-8.

郑雅方.2017.美国流域治理法律制度发展述评.法制与社会,（24）：18-20.

周刚炎.2007.莱茵河流域管理的经验和启示.水利水电快报,（5）：28-31.

周珂，陈微.2014.新修订《环境保护法》向环境污染宣战.环境保护,42（11）：27-31.

周魁一.1981.我国现存最早的一部水利法典——唐《水部式》.中国水利,（4）：51-54.

周英.2006.切实抓好《黄河水量调度条例》的贯彻落实工作——水利部副部长周英谈《黄河水量调度条例》的贯彻实施.中国水利,（16）：3-4.

邹玮.2013.澳大利亚可持续发展水政策对中国水资源管理的启示.水利经济,31（1）：48-52,77.

左其亭. 2016. 最严格水资源管理保障体系的构建与研究展望. 华北水利水电大学学报（自然科学版），37（4）：7-11.

Hannam I. 2006. 综合生态系统管理的立法方面——澳大利亚墨累达令河流域//江泽慧. 综合生态系统管理国际研讨会文集. 北京：中国林业出版社.

安德森 L S，格林菲斯 M. 2009. 欧盟《水框架指令》对中国的借鉴意义. 人民长江，40（8）：50-53.

Butler K F，Koontz T M. 2005. Theory into practice：implementing ecosystem management objectives in the USDA forest service. Environmental Management，35（2）：138-150.

Grumbine R E. 1994. What is ecosystem management? Conservation Biology，8（1）：27-38.

Hannam I. 2003. A method to identify and evaluate the legal and institutional framework for the management of water and land in Asia：The outcome of a study in Southeast Asia and the People's Republic of China. Iwmi Research Reports，39（6）：349-355.

Xu H. etc. 2014. The Role of Water Users Associations in Integrated Water Resource Management of Zhangye City in Heihe River Basin, China, River Basin Management in the Twenty-first Century. Floria：CRC Press.

附　　录

国务院关于实行最严格水资源管理制度的意见

国发〔2012〕3号

各省、自治区、直辖市人民政府，国务院各部委、各直属机构：

　　水是生命之源、生产之要、生态之基，人多水少、水资源时空分布不均是我国的基本国情和水情。当前我国水资源面临的形势十分严峻，水资源短缺、水污染严重、水生态环境恶化等问题日益突出，已成为制约经济社会可持续发展的主要瓶颈。为贯彻落实好中央水利工作会议和《中共中央国务院关于加快水利改革发展的决定》（中发〔2011〕1号）的要求，现就实行最严格水资源管理制度提出以下意见：

一、总体要求

　　（一）指导思想。深入贯彻落实科学发展观，以水资源配置、节约和保护为重点，强化用水需求和用水过程管理，通过健全制度、落实责任、提高能力、强化监管，严格控制用水总量，全面提高用水效率，严格控制入河湖排污总量，加快节水型社会建设，促进水资源可持续利用和经济发展方式转变，推动经济社会发展与水资源水环境承载能力相协调，保障经济社会长期平稳较快发展。

　　（二）基本原则。坚持以人为本，着力解决人民群众最关心最直接最现实的水资源问题，保障饮水安全、供水安全和生态安全；坚持人水和谐，尊重自然规律和经济社会发展规律，处理好水资源开发与保护关系，以水定需、量水而行、因水制宜；坚持统筹兼顾，协调好生活、生产和生态用水，协调好上下游、左右岸、干支流、地表水和地下水关系；坚持改革创新，完善水资源管理体制和机制，改进管理方式和方法；坚持因地制宜，实行分类指导，注重制度实施的可行性和有效性。

（三）主要目标。

确立水资源开发利用控制红线，到2030年全国用水总量控制在7000亿立方米以内；确立用水效率控制红线，到2030年用水效率达到或接近世界先进水平，万元工业增加值用水量（以2000年不变价计，下同）降低到40立方米以下，农田灌溉水有效利用系数提高到0.6以上；确立水功能区限制纳污红线，到2030年主要污染物入河湖总量控制在水功能区纳污能力范围之内，水功能区水质达标率提高到95%以上。

为实现上述目标，到2015年，全国用水总量力争控制在6350亿立方米以内；万元工业增加值用水量比2010年下降30%以上，农田灌溉水有效利用系数提高到0.53以上；重要江河湖泊水功能区水质达标率提高到60%以上。到2020年，全国用水总量力争控制在6700亿立方米以内；万元工业增加值用水量降低到65立方米以下，农田灌溉水有效利用系数提高到0.55以上；重要江河湖泊水功能区水质达标率提高到80%以上，城镇供水水源地水质全面达标。

二、加强水资源开发利用控制红线管理，严格实行用水总量控制

（四）严格规划管理和水资源论证。开发利用水资源，应当符合主体功能区的要求，按照流域和区域统一制定规划，充分发挥水资源的多种功能和综合效益。建设水工程，必须符合流域综合规划和防洪规划，由有关水行政主管部门或流域管理机构按照管理权限进行审查并签署意见。加强相关规划和项目建设布局水资源论证工作，国民经济和社会发展规划以及城市总体规划的编制、重大建设项目的布局，应当与当地水资源条件和防洪要求相适应。严格执行建设项目水资源论证制度，对未依法完成水资源论证工作的建设项目，审批机关不予批准，建设单位不得擅自开工建设和投产使用，对违反规定的，一律责令停止。

（五）严格控制流域和区域取用水总量。加快制定主要江河流域水量分配方案，建立覆盖流域和省市县三级行政区域的取用水总量控制指标体系，实施流域和区域取用水总量控制。各省、自治区、直辖市要按照江河流域水量分配方案或取用水总量控制指标，制定年度用水计划，依法对本行政区域内的年度用水实行总量管理。

建立健全水权制度，积极培育水市场，鼓励开展水权交易，运用市场机制合理配置水资源。

（六）严格实施取水许可。严格规范取水许可审批管理，对取用水总量已达到或超过控制指标的地区，暂停审批建设项目新增取水；对取用水总量接近控制指标的地区，限制审批建设项目新增取水。对不符合国家产业政策或列入国家产业结构调整指导目录中淘汰类的，产品不符合行业用水定额标准的，在城市公共供水管网能够满足用水需要却通过自备取水设施取用地下水的，以及地下水已严重超采的地区取用地下水的建设项目取水申请，审批机关不予批准。

（七）严格水资源有偿使用。合理调整水资源费征收标准，扩大征收范围，严格水资源费征收、使用和管理。各省、自治区、直辖市要抓紧完善水资源费征收、使用和管理的规章制度，严格按照规定的征收范围、对象、标准和程序征收，确保应收尽收，任何单位和个人不得擅自减免、缓征或停征水资源费。水资源费主要用于水资源节约、保护和管理，严格依法查处挤占挪用水资源费的行为。

（八）严格地下水管理和保护。加强地下水动态监测，实行地下水取用水总量控制和水位控制。各省、自治区、直辖市人民政府要尽快核定并公布地下水禁采和限采范围。在地下水超采区，禁止农业、工业建设项目和服务业新增取用地下水，并逐步削减超采量，实现地下水采补平衡。深层承压地下水原则上只能作为应急和战略储备水源。依法规范机井建设审批管理，限期关闭在城市公共供水管网覆盖范围内的自备水井。抓紧编制并实施全国地下水利用与保护规划以及南水北调东中线受水区、地面沉降区、海水入侵区地下水压采方案，逐步削减开采量。

（九）强化水资源统一调度。流域管理机构和县级以上地方人民政府水行政主管部门要依法制订和完善水资源调度方案、应急调度预案和调度计划，对水资源实行统一调度。区域水资源调度应当服从流域水资源统一调度，水力发电、供水、航运等调度应当服从流域水资源统一调度。水资源调度方案、应急调度预案和调度计划一经批准，有关地方人民政府和部门等必须服从。

三、加强用水效率控制红线管理，全面推进节水型社会建设

（十）全面加强节约用水管理。各级人民政府要切实履行推进节水型社会建设的责任，把节约用水贯穿于经济社会发展和群众生活生产全过程，建立健全有利于

节约用水的体制和机制。稳步推进水价改革。各项引水、调水、取水、供用水工程建设必须首先考虑节水要求。水资源短缺、生态脆弱地区要严格控制城市规模过度扩张，限制高耗水工业项目建设和高耗水服务业发展，遏制农业粗放用水。

（十一）强化用水定额管理。加快制定高耗水工业和服务业用水定额国家标准。各省、自治区、直辖市人民政府要根据用水效率控制红线确定的目标，及时组织修订本行政区域内各行业用水定额。对纳入取水许可管理的单位和其他用水大户实行计划用水管理，建立用水单位重点监控名录，强化用水监控管理。新建、扩建和改建建设项目应制订节水措施方案，保证节水设施与主体工程同时设计、同时施工、同时投产（即"三同时"制度），对违反"三同时"制度的，由县级以上地方人民政府有关部门或流域管理机构责令停止取用水并限期整改。

（十二）加快推进节水技术改造。制定节水强制性标准，逐步实行用水产品用水效率标识管理，禁止生产和销售不符合节水强制性标准的产品。加大农业节水力度，完善和落实节水灌溉的产业支持、技术服务、财政补贴等政策措施，大力发展管道输水、喷灌、微灌等高效节水灌溉。加大工业节水技术改造，建设工业节水示范工程。充分考虑不同工业行业和工业企业的用水状况和节水潜力，合理确定节水目标。有关部门要抓紧制定并公布落后的、耗水量高的用水工艺、设备和产品淘汰名录。加大城市生活节水工作力度，开展节水示范工作，逐步淘汰公共建筑中不符合节水标准的用水设备及产品，大力推广使用生活节水器具，着力降低供水管网漏损率。鼓励并积极发展污水处理回用、雨水和微咸水开发利用、海水淡化和直接利用等非常规水源开发利用。加快城市污水处理回用管网建设，逐步提高城市污水处理回用比例。非常规水源开发利用纳入水资源统一配置。

四、加强水功能区限制纳污红线管理，严格控制入河湖排污总量

（十三）严格水功能区监督管理。完善水功能区监督管理制度，建立水功能区水质达标评价体系，加强水功能区动态监测和科学管理。水功能区布局要服从和服务于所在区域的主体功能定位，符合主体功能区的发展方向和开发原则。从严核定水域纳污容量，严格控制入河湖排污总量。各级人民政府要把限制排污总量作为水污染防治和污染减排工作的重要依据。切实加强水污染防控，加强工业污染源控制，加大主要污染物减排力度，提高城市污水处理率，改善重点流域水环境质量，

防治江河湖库富营养化。流域管理机构要加强重要江河湖泊的省界水质水量监测。严格入河湖排污口监督管理，对排污量超出水功能区限排总量的地区，限制审批新增取水和入河湖排污口。

（十四）加强饮用水水源保护。各省、自治区、直辖市人民政府要依法划定饮用水水源保护区，开展重要饮用水水源地安全保障达标建设。禁止在饮用水水源保护区内设置排污口，对已设置的，由县级以上地方人民政府责令限期拆除。县级以上地方人民政府要完善饮用水水源地核准和安全评估制度，公布重要饮用水水源地名录。加快实施全国城市饮用水水源地安全保障规划和农村饮水安全工程规划。加强水土流失治理，防治面源污染，禁止破坏水源涵养林。强化饮用水水源应急管理，完善饮用水水源地突发事件应急预案，建立备用水源。

（十五）推进水生态系统保护与修复。开发利用水资源应维持河流合理流量和湖泊、水库以及地下水的合理水位，充分考虑基本生态用水需求，维护河湖健康生态。编制全国水生态系统保护与修复规划，加强重要生态保护区、水源涵养区、江河源头区和湿地的保护，开展内源污染整治，推进生态脆弱河流和地区水生态修复。研究建立生态用水及河流生态评价指标体系，定期组织开展全国重要河湖健康评估，建立健全水生态补偿机制。

五、保障措施

（十六）建立水资源管理责任和考核制度。要将水资源开发、利用、节约和保护的主要指标纳入地方经济社会发展综合评价体系，县级以上地方人民政府主要负责人对本行政区域水资源管理和保护工作负总责。国务院对各省、自治区、直辖市的主要指标落实情况进行考核，水利部会同有关部门具体组织实施，考核结果交由干部主管部门，作为地方人民政府相关领导干部和相关企业负责人综合考核评价的重要依据。具体考核办法由水利部会同有关部门制订，报国务院批准后实施。有关部门要加强沟通协调，水行政主管部门负责实施水资源的统一监督管理，发展改革、财政、国土资源、环境保护、住房城乡建设、监察、法制等部门按照职责分工，各司其职，密切配合，形成合力，共同做好最严格水资源管理制度的实施工作。

（十七）健全水资源监控体系。抓紧制定水资源监测、用水计量与统计等管理办法，健全相关技术标准体系。加强省界等重要控制断面、水功能区和地下水的水质水量监测能力建设。流域管理机构对省界水量的监测核定数据作为考核有关省、自治区、直辖市用水总量的依据之一，对省界水质的监测核定数据作为考核有关省、自治区、直辖市重点流域水污染防治专项规划实施情况的依据之一。加强取水、排水、入河湖排污口计量监控设施建设，加快建设国家水资源管理系统，逐步建立中央、流域和地方水资源监控管理平台，加快应急机动监测能力建设，全面提高监控、预警和管理能力。及时发布水资源公报等信息。

（十八）完善水资源管理体制。进一步完善流域管理与行政区域管理相结合的水资源管理体制，切实加强流域水资源的统一规划、统一管理和统一调度。强化城乡水资源统一管理，对城乡供水、水资源综合利用、水环境治理和防洪排涝等实行统筹规划、协调实施，促进水资源优化配置。

（十九）完善水资源管理投入机制。各级人民政府要拓宽投资渠道，建立长效、稳定的水资源管理投入机制，保障水资源节约、保护和管理工作经费，对水资源管理系统建设、节水技术推广与应用、地下水超采区治理、水生态系统保护与修复等给予重点支持。中央财政加大对水资源节约、保护和管理的支持力度。

（二十）健全政策法规和社会监督机制。抓紧完善水资源配置、节约、保护和管理等方面的政策法规体系。广泛深入开展基本水情宣传教育，强化社会舆论监督，进一步增强全社会水忧患意识和水资源节约保护意识，形成节约用水、合理用水的良好风尚。大力推进水资源管理科学决策和民主决策，完善公众参与机制，采取多种方式听取各方面意见，进一步提高决策透明度。对在水资源节约、保护和管理中取得显著成绩的单位和个人给予表彰奖励。

国务院

二〇一二年一月十二日

实行最严格水资源管理制度考核办法

国办发〔2013〕2 号

第一条 为推进实行最严格水资源管理制度，确保实现水资源开发利用和节约保护的主要目标，根据《中华人民共和国水法》、《中共中央国务院关于加快水利改革发展的决定》（中发〔2011〕1 号）、《国务院关于实行最严格水资源管理制度的意见》（国发〔2012〕3 号）等有关规定，制定本办法。

第二条 考核工作坚持客观公平、科学合理、系统综合、求真务实的原则。

第三条 国务院对各省、自治区、直辖市落实最严格水资源管理制度情况进行考核，水利部会同发展改革委、工业和信息化部、监察部、财政部、国土资源部、环境保护部、住房城乡建设部、农业部、审计署、统计局等部门组成考核工作组，负责具体组织实施。

各省、自治区、直辖市人民政府是实行最严格水资源管理制度的责任主体，政府主要负责人对本行政区域水资源管理和保护工作负总责。

第四条 考核内容为最严格水资源管理制度目标完成、制度建设和措施落实情况。

各省、自治区、直辖市实行最严格水资源管理制度主要目标详见附件；制度建设和措施落实情况包括用水总量控制、用水效率控制、水功能区限制纳污、水资源管理责任和考核等制度建设及相应措施落实情况。

第五条 考核评定采用评分法，满分为 100 分。考核结果划分为优秀、良好、合格、不合格四个等级。考核得分 90 分以上为优秀，80 分以上 90 分以下为良好，60 分以上 80 分以下为合格，60 分以下为不合格。（以上包括本数，以下不包括本数）

第六条 考核工作与国民经济和社会发展五年规划相对应，每五年为一个考核期，采用年度考核和期末考核相结合的方式进行。在考核期的第 2 至 5 年上半年开展上年度考核，在考核期结束后的次年上半年开展期末考核。

第七条 各省、自治区、直辖市人民政府要按照本行政区域考核期水资源管理控制目标，合理确定年度目标和工作计划，在考核期起始年 3 月底前报送水利部备案，同时抄送考核工作组其他成员单位。如考核期内对年度目标和工作计划有调整的，应及时将调整情况报送备案。

第八条　各省、自治区、直辖市人民政府要在每年 3 月底前将本地区上年度或上一考核期的自查报告上报国务院，同时抄送水利部等考核工作组成员单位。

第九条　考核工作组对自查报告进行核查，对各省、自治区、直辖市进行重点抽查和现场检查，划定考核等级，形成年度或期末考核报告。

第十条　水利部在每年 6 月底前将年度或期末考核报告上报国务院，经国务院审定后，向社会公告。

第十一条　经国务院审定的年度和期末考核结果，交由干部主管部门，作为对各省、自治区、直辖市人民政府主要负责人和领导班子综合考核评价的重要依据。

第十二条　对期末考核结果为优秀的省、自治区、直辖市人民政府，国务院予以通报表扬，有关部门在相关项目安排上优先予以考虑。对在水资源节约、保护和管理中取得显著成绩的单位和个人，按照国家有关规定给予表彰奖励。

第十三条　年度或期末考核结果为不合格的省、自治区、直辖市人民政府，要在考核结果公告后一个月内，向国务院作出书面报告，提出限期整改措施，同时抄送水利部等考核工作组成员单位。

整改期间，暂停该地区建设项目新增取水和入河排污口审批，暂停该地区新增主要水污染物排放建设项目环评审批。对整改不到位的，由监察机关依法依纪追究该地区有关责任人员的责任。

第十四条　对在考核工作中瞒报、谎报的地区，予以通报批评，对有关责任人员依法依纪追究责任。

第十五条　水利部会同有关部门组织制定实行最严格水资源管理制度考核工作实施方案。

各省、自治区、直辖市人民政府要根据本办法，结合当地实际，制定本行政区域内实行最严格水资源管理制度考核办法。

第十六条　本办法自发布之日起施行。

青海省人民政府办公厅关于实行最严格水资源管理制度的意见

青政办〔2012〕330 号

西宁市、各自治州人民政府，海东行署，省政府各委、办、厅、局：为贯彻落实《国务院关于实行最严格水资源管理制度的意见》（国发〔2012〕3 号）和《省委、省政府关于加快水利改革发展的若干意见》（青发〔2011〕23 号）的精神，认真做好全省水资源管理工作，经省政府同意，现就实行最严格水资源管理制度提出如下实施意见：

一、总体要求

（一）指导思想。坚持以科学发展观为指导，以水资源优化配置、全面节约和有效保护为重点，以建立用水总量、用水效率、水功能区限制纳污"三条红线"控制指标体系为主要任务，以健全制度、强化监管、严格考核为保障措施，加快推进节水型社会建设，促进经济发展方式转变，走出一条具有青海特色的现代水资源管理道路，为推进我省"三区"建设，实现"两新"目标提供水资源保障。

（二）基本原则。一是坚持以人为本，着力解决人民群众最关心最直接最现实的水资源问题，保障饮水安全、供水安全和生态安全。二是坚持人水和谐，在发展中保护，在保护中发展，统筹协调好生活、生产和生态用水，协调好上下游、左右岸、干支流、地表水和地下水关系。三是坚持政府主导，实行分级管理，分类指导，量水而行，因水制宜，促进水资源可持续利用。四是坚持改革创新，完善水资源管理体制机制，加强能力建设，提高科技水平，确保制度实施的有效性。

（三）目标任务。确立水资源开发利用控制红线，用水效率控制红线，水功能区限制纳污红线。到 2030 年，全省用水总量控制在 47.54 亿立方米以内、用水效率接近国内平均水平、水功能区水质达标率达到 95%。为实现上述目标，到 2015 年，全省用水总量力争控制在 37.15 亿立方米以内；万元工业增加值用水量比 2010 年下降 25%，农田灌溉水有效利用系数提高到 0.489；长江、黄河、澜沧江、青海湖等重要江河湖泊水功能区水质达标率达到 74%。到 2020 年，全省用水总量力争控制在 37.95 亿立方米以内；长江、黄河、澜沧江、青海湖等重要江河湖泊水功能区水质达标率达到 88%。

二、严格落实水资源开发利用控制红线

（四）健全完善水资源规划体系。抓紧《青海省水资源综合规划》的修编和批复，加快编制《青海省水中长期供求规划》和《青海省水资源保护规划》等相关规划，进一步明确全省水资源开发、利用、节约、保护和水旱灾害防治的目标任务，为优化供水布局、调整水源结构、提高供水能力和供水安全提供科学依据，基本形成科学的水资源配置与供水安全保障体系、和谐的水生态体系、高效的水管理体系。

（五）加强水资源论证。严格规划水资源论证，各地在制定国民经济和社会发展规划以及城市（镇）总体规划的编制、各类产业园区布局和重大项目建设的布局，都要进行规划水资源论证，与当地水资源条件和防洪要求相适应，并按照相关管理权限，由省水行政主管部门组织审查、签署意见。

严格执行建设项目水资源论证制度，对不符合国家产业政策和水资源管理要求的建设项目，其水资源论证报告书一律不得批准；对未依法完成水资源论证工作，擅自开工建设的，以及建设项目投产前，未经水行政主管部门进行取用水过程实施监测的一律责令停止。

（六）强化取用水总量控制。省水行政主管部门将全省用水总量控制指标逐级分解到州（地、市）、县，并制定年度用水计划。各州（地、市）、县根据控制指标，制定各取用水户年度用水计划，依法对本行政区域内的年度用水实行总量管理。逐步建立水权制度，鼓励开展水权交易，运用市场机制合理配置水资源。

（七）严格取水许可管理。健全各级取水许可台账，规范取水许可审批管理。对取用水总量已达到或超过控制指标的地区，暂停审批建设项目新增取水；对不符合产业政策、取用水总量接近控制指标的地区，限制审批建设项目新增取水；对列入国家产业结构调整指导目录中淘汰的，产品不符合行业用水定额标准的，以及公共供水管网能够满足用水需要却取用地下水的，审批机关不予批准。

（八）严格水资源有偿使用。合理调整水资源费征收标准，扩大征收范围，严格执行《青海省取水许可与水资源费征收管理办法》。任何单位和个人不得擅自减

免、缓征或停征水资源费。水资源费主要用于水资源的节约、保护和管理，严禁挤占挪用水资源费。

（九）加大地下水管理和保护力度。省水行政主管部门要尽快组织地下水超采区复核，划定地下水禁采、限采的范围和地下水位控制红线，报省人民政府批准。在控制取用水总量基础上，全面实施地下水位控制，加强地下水动态监测，强化地下水源地保护，防治地下水污染。依法规范机井建设审批管理，限期关闭在城市公共供水管网范围内的自备水井。

（十）实行水资源统一调度。省、州（地、市）、县水行政主管部门按照分级管理的原则，制订水资源调度方案、应急调度预案和调度计划，报同级人民政府批准执行。水力发电、供水、航运等专业调度应当服从区域或流域水资源统一调度。水资源调度方案、应急调度预案和调度计划一经批准，必须严格执行。

三、严格落实用水效率控制红线

（十一）加强节约用水管理。各级人民政府要切实履行节水型社会建设的责任，把节约用水贯穿于经济社会发展和群众生活生产全过程，建立健全有利于节约用水的制度体系。稳步推进水价改革。各项引水、调水、取水、供用水工程建设必须首先考虑节水要求。限制高耗水工业项目建设和高耗水服务业规模，遏制农业粗放用水。

（十二）加强用水定额管理。把用水定额作为编制用水计划、水资源规划、建设项目水资源论证和取水许可申请审批等的重要依据。省级水行政主管部门要根据用水效率控制红线确定的目标，组织修订完善工业、农业、第三产业等行业用水定额，报省政府批准实施。

（十三）加强节水技术改造。加大农牧业节水力度，加强灌区节水改造，建设用水计量设施，认真落实支持节水灌溉的各项政策措施，大力发展高效节水灌溉技术。积极开展企业水平衡测试，加大工业节水技术改造，建设工业节水示范工程。加大城市生活和服务业节水力度，大力推广节水型生活用水器具，降低管网漏损率。鼓励并积极发展污水处理回用、雨水、微咸水等非常规水源开发利用。严格执行建设项目节水设施与主体工程同时设计、同时施工、同时投产"三同时"制度。

四、严格落实水功能区限制纳污红线

（十四）严格水功能区监督管理。完善水功能区监督管理制度，建立水功能区水质达标和纳污总量控制评价体系。县级以上人民政府要把限制纳污总量作为水污染防治和污染减排工作的重要依据。水利部门要加强对水功能区水量、污染物入河量的监测，从严核定水功能区纳污容量。环保部门要加强对水功能区水质、污染物排放的动态监测，强化入河排污口监管。

（十五）加强饮用水源地保护。全面贯彻落实《青海省饮用水水源保护条例》，认真组织开展水源地安全保障达标建设，建立和完善水源地水量、水质监测体系。加快实施全省集中式饮用水水源地安全保障规划和农牧区饮水安全工程规划。加强水土流失治理，防止面源污染。强化饮用水水源应急管理，完善饮用水水源地突发事件应急预案，强化备用水源管理。

（十六）加强水生态系统保护与修复。开发利用水资源应维持河流合理流量和湖泊、水库以及地下水的合理水位，充分考虑生态用水需求，维护河湖健康生态。加强三江源区、青海湖流域、祁连山区等重要生态区、水源涵养区、重要湿地的保护，合理控制水土资源开发，实施长江、黄河源区水生态修复及预防保护工程，启动祁连山地区生态环境保护与综合治理项目，加快建立江河源区水资源生态补偿机制。

五、保障措施

（十七）建立水资源管理责任与考核制度。将水资源开发利用、节约保护的主要指标纳入地方经济社会发展综合评价体系，建立本地区水资源管理考核指标的监测、统计和考核体系。各州（地、市）、县人民政府主要负责人对本行政区域水资源管理和保护工作负总责。省政府对各州（地、市）的主要指标落实情况进行考核，考核结果交由干部主管部门，作为地方人民政府相关领导干部和相关企业负责人综合考核评价的重要依据。具体考核办法由省水行政主管部门会同有关部门制定，报省政府批准后实施。

（十八）建立健全监控体系。抓紧制定水资源监测、用水计量与统计等管理办法。加强州（地、市）、县边界等重要控制断面、水功能区和地下水水质、水量、水位监测能力建设。加快全省水资源管理信息系统建设，建立"三条红线"控制监测平台和评价指标体系。

（十九）加大投入力度。各级人民政府要加大对水资源节约、保护和管理工作的支持力度，建立长效稳定的水资源管理投入机制，保障水资源节约、保护和管理工作所需经费，对水资源管理系统建设、节水技术推广应用、饮用水源地及水生态系统保护与修复、水资源管理能力建设等给予重点支持。

（二十）推进依法监督。抓紧完善水资源配置、节约、保护和管理等方面的政策法规体系。严格水资源执法管理，严肃查处违反法律法规的违法行为，维护正常的水资源管理秩序。加强执法监督，对落实最严格水资源管理制度不力的地方、部门和单位，视情采取约谈、通报等形式予以督促落实。

（二十一）完善水资源管理体制。以地方政府为主体，实行水务一体化管理。加强对取、用、排水的统一规划、统一管理和统一调度。对城乡供水、水资源综合利用、水环境治理和防洪排涝等统筹实施。强化水资源管理队伍建设，充分发挥基层水管（保）机构的作用。

（二十二）强化宣传教育。加大省情水情宣传力度，提高全民水患意识、节水意识、水资源保护意识。把水利纳入公益性宣传范围，把水情教育纳入国民素质教育体系，增强全社会水忧患意识和水资源节约保护意识，形成节约用水、合理用水的良好风尚。

甘肃省人民政府办公厅关于印发甘肃省实行最严格的水资源管理制度办法的通知

甘政办发〔2011〕155号

各市、自治州人民政府，省政府有关部门，中央在甘有关单位：

《甘肃省实行最严格的水资源管理制度办法》已经省政府同意，现予印发，请遵照执行。

甘肃省实行最严格的水资源管理制度办法

第一章　总　　则

第一条　为应对全省严峻的水资源形势，实施水安全战略，实现水资源的可持续利用，根据《中华人民共和国水法》、《取水许可和水资源费征收管理条例》等法律、法规和国务院实行最严格的水资源管理制度的要求，结合我省实际，制定本办法。

第二条　实行最严格的水资源管理制度主要内容是围绕水资源配置、节约和保护，建立并实施水资源管理"三条红线"，即建立水资源开发利用控制红线，实行用水总量控制；建立用水效率控制红线，遏制用水浪费；建立水功能区限制纳污红线，控制入河排污总量。

第三条　实行最严格的水资源管理制度坚持政府主导、市场调节、公众参与原则，采取综合管理和需求管理、总量控制和定额管理、节约保护和高效利用等措施，统筹生活、生产和生态用水，促进水资源的可持续利用。

第四条　在本省行政区域内涉及水资源开发利用、节约、保护、管理等水事行为，应当遵守本办法。

第五条　县级以上政府对本行政区域实行最严格的水资源管理制度负总责。按照上级政府批准的"三条红线"，制定相应约束性指标和具体落实措施，使最严格的水资源管理制度在各级管理层面明晰化、定量化，并将主要约束性指标纳入经济社会发展综合评价体系。

国民经济和社会发展规划以及城市总体规划的编制、重大建设项目的布局应当与当地的水资源条件和实行最严格的水资源管理制度约束性指标相适应，并进行科学论证。在水资源紧缺的地区，应当对城市规模和耗水量大的工业、农业和服务业项目加以限制。

第六条 县级以上政府水行政主管部门负责本行政区域内用水总量、用水效率和水功能区限制纳污控制指标的落实和监管工作。

发展改革、工信、财政、环保、建设、农牧、林业、统计等行政主管部门应当按照各自职责分工，做好与用水总量、用水效率和水功能区限制纳污控制相关的工作。

第七条 各级政府和有关部门应当调整和理顺水务管理机构职责，对区域涉水事务实行统一管理，加强机构和能力建设，建立长效、稳定的投入机制，为实行最严格的水资源管理制度提供保障。

第八条 各级政府应当对实行最严格的水资源管理制度成绩突出的单位和个人予以表彰和奖励。

第二章　用水总量控制管理

第九条 用水管理实行用水总量控制指标与年度用水计划管理相结合的制度。

用水总量控制指标和年度用水计划应当按照区域地表水、地下水和外调入水量分别予以明确。

用水总量控制指标每个国民经济和社会发展五年规划期下达 1 次，年度用水计划每年下达 1 次。

第十条 市州用水总量控制指标由省水行政主管部门依据全省水资源综合规划、水资源公报及相关规划，以流域和区域水资源可利用量、国家和流域水量分配指标为上限，综合考虑流域、区域水资源开发利用及保护现状、用水效率、产业结构和未来发展需求分解确定，报省政府批准实施。

县市区用水总量控制指标由市州水行政主管部门依据省政府批准的用水总量控制指标，结合本地经济社会发展状况和水资源开发利用实际确定，报市州政府批准。

第十一条　市州年度用水计划由省水行政主管部门在用水总量控制指标内，根据区域现状地表水开发利用量、地下水允许开采量及采补平衡监测结果等综合确定。

县市区年度用水计划由市州水行政主管部门在省下达的年度用水计划内确定。

省属流域机构直管河流内县市区年度用水计划由流域机构会同市州水行政主管部门在省下达的年度用水计划内确定。

第十二条　省水行政主管部门在制定全省用水总量控制指标和年度用水计划时，应当预留一定的用水指标。

市州水行政主管部门在制定本区域内各县市区用水总量控制指标和年度用水计划时，可预留一定的用水指标。

第十三条　本省境内跨市州或省管重要河流的水量分配方案，由省水行政主管部门商有关市州政府拟订，报省政府批准。

经省政府批准的水量分配方案，是跨市州或省管河流水量调度的依据，有关市州政府必须执行。水量调度和监督工作由省水行政主管部门或省属流域机构负责。

第十四条　市州政府应当依据用水总量控制指标，确定当地地下水开采总量和年度开采控制指标，逐级分解落实到县市区。核定并公布地下水超采区，明确禁采和限采范围，加快地下水动态监测站网工程建设。

第十五条　在明晰初始水权的基础上，逐步建立政府调控和市场配置相结合的水权转让制度。在水行政主管部门的监督指导下，区域之间、行业之间、用水人之间可以进行水权交易，满足区域、行业和用水人的水资源需求。

第十六条　利用再生水、雨水、矿井排水、苦咸水等不受用水总量控制指标和年度用水计划限制。

第十七条　县级以上政府水行政主管部门应当严格落实建设项目水资源论证和取水许可制度。

新建、改建、扩建项目需要取水的，应当按照有关规定进行建设项目水资源论证。对未进行水资源论证或未经水行政主管部门前置审批（核）同意的，有管辖权的水行政主管部门不得批准取水许可申请，发展改革、工信等有关主管部门不予批准立项和建设。

需要取水的单位和个人应当按规定依法办理取水许可证，严禁未经许可擅自取水。

第十八条　严格实施水资源有偿使用制度，加强对水资源费的征缴和管理，任何单位和个人不得擅自免征、减征、缓征水资源费。

对地下水超采严重的地区，市州水行政主管部门可依据《甘肃省取水许可和水资源费征收管理办法》（甘肃省人民政府令第 67 号），统筹供水工程、地下水超采区管理、超限额加价等规定，制定地下水水资源费征收标准，报本级政府批准实施。

水资源费应当足额征收并按规定上解。对应当征收而未征收、未足额征收或者未按规定上解的，由有关部门依法处理并由上级水行政主管部门相应核减该区域下一年度用水控制指标。

第十九条　取水许可实行区域限批制度。取水总量接近用水总量控制指标的地区，有管辖权的水行政主管部门应当对该区域内新建、改建、扩建项目取水许可申请限制审批。

取水总量达到或者超过用水总量控制指标的地区，除通过水权转让方式获得用水指标外，有管辖权的水行政主管部门应当对该区域内新建、改建、扩建项目取水许可申请暂停审批。

第三章　用水效率管理

第二十条　用水效率管理实行用水效率控制指标与年度用水效率管理相结合的制度。

用水效率控制指标每个国民经济和社会发展五年规划期下达 1 次，年度用水效率指标每年下达 1 次。

第二十一条　全省用水效率控制指标依照国务院水行政主管部门相关规定确定。

市州用水效率控制指标由省水行政主管部门依据用水现状、节水潜力、经济社会发展状况等分解确定，报省政府批准实施。

县市区用水效率控制指标由市州水行政主管部门依据省政府批准的用水效率控制指标确定，报市州政府批准。

第二十二条　市州年度用水效率指标由省水行政主管部门在用水效率控制指标内，根据区域年度用水水平、节水潜力、经济社会发展状况等综合确定。

县市区年度用水效率指标由市州水行政主管部门在省下达的年度用水效率指标内确定。

第二十三条　县级以上政府负责节水型社会建设工作，建立健全有利于节约用水的体制和机制，加强需水管理，限制高耗水工业项目建设和农业粗放型用水，构建节水型经济结构。

各级政府应当结合本地用水效率控制指标，调整经济结构，转变用水方式，提高水资源利用效率和效益。

第二十四条　国家和省级节水型社会建设试点地区政府应当深入推进节水型社会建设，建设节水型社会示范区。

第二十五条　省水行政主管部门应当会同有关部门适时修订全省行业用水定额，报省政府批准实施，建立用水定额动态管理体系。

各级水行政主管部门应当强化用水定额和用水计划的监督管理，对超定额标准和超计划用水的单位实行累进加价制度征收水资源费或水费，并核减用水量。对重点行业和用水户实行水平衡测试，重点考核，严格计划用水、节约用水等环节的管理。

第二十六条　在区域内通过采取管理节水、工程节水、技术节水等措施节约的水量，不占用用水总量控制指标，可由有管辖权的水行政主管部门合理配置，用于该区域新增用水。

第二十七条　建立和落实用水效率标识管理制度，严格执行用水产品用水效率限定值及用水效率等级强制性国家标准。

第二十八条　推广节水示范项目。农业以中小灌区改造、高效技术推广、种植结构调整等项目为主；工业以推广循环用水工艺、高耗水行业改造、矿井水利用等项目为主；城镇生活以供水管网建设、节水器具安装、再生水利用等项目为主。

第四章　纳污能力管理

第二十九条　建立健全全省重要水功能区监测、评估、管理体系，核定水功能区名录，强化达标监督管理。

第三十条　按照水功能区达标目标，核定水域纳污能力，提出限制排污总量方案并分解落实，逐步实现水功能区达标率和限制排污总量双控制。

第三十一条　省水行政主管部门负责编制全省入河排污口布设规划。

第三十二条　各级水行政主管部门应当按照管理权限，组织开展重点入河排污口整治和规范化管理。省属流域机构应按照省水行政主管部门的要求，组织实施跨市州河流入河排污口的监督管理。

市州、县市区水行政主管部门要加强新建、改建入河排污口管理，严格入河排污口设置，满足水功能区达标率以及水功能区限制排污总量的要求。

对现状排污量超出水功能区限制排污总量的地区，有管辖权的水行政主管部门应当限制审批新增取水及入河排污口并逐步核减排污量。排污总量应控制在我省制定的纳污红线以内。

第三十三条　落实城市饮用水安全保障规划和农村饮水安全保障相关规划，核定全省城市和农村集中式饮用水水源地名录，划定饮用水水源地保护区，建立重要城市备用水源制度，编制突发事件应急预案，提高应急处置能力。

第三十四条　编制全省水生态系统保护与修复规划。制定重要河流、地下水生态适宜性评估方法，建立并完善水生态系统保护与修复监督管理体系，维护河流生态流量以及地下水合理水位，定期评价全省重要河流健康状况。

第五章　监 督 管 理

第三十五条　县级以上政府主要负责人对本行政区域实行最严格的水资源管理制度负总责。

县级以上政府和有关部门应当加强对实行最严格的水资源管理制度实施监督管理，逐级落实责任，实行问责制。

第三十六条　实行最严格的水资源管理制度，建立上级考核与自行考核相结合的考核体系。

省水行政主管部门会同有关部门制定实行最严格水资源管理制度考核办法，明确考核原则、内容、方法和奖惩机制等。

第三十七条　省水利、发展改革、工信、财政、环保、建设、农牧、林业、统计等部门组成联合考核组，对市州政府实行最严格的水资源管理制度各项措施及指标完成情况进行考核。

市州相关部门组成考核组对县市区政府实行最严格的水资源管理制度各项措施

及指标完成情况进行考核。

第三十八条　实行最严格的水资源管理制度监督考核结果交由干部主管部门，作为各级政府领导干部综合考核评价的重要依据。

第六章　附　　则

第三十九条　本办法自 2011 年 7 月 1 日起施行，有效期 5 年。

内蒙古自治区人民政府批转自治区水利厅关于实行最严格水资源管理制度实施意见的通知

各盟行政公署、市人民政府，自治区各委、办、厅、局，各大企业、事业单位：

现将自治区水利厅《关于实行最严格水资源管理制度的实施意见》批转给你们，请结合实际，认真贯彻执行。

2014 年 3 月 14 日

关于实行最严格水资源管理制度的实施意见

（自治区水利厅 2014 年 3 月）

我区水资源时空分布不均，缺乏控制性水利工程，特别是随着经济社会的快速发展，工业化、城镇化步伐的加快，以及气候变化的影响，一些地区水资源短缺、水污染加重、水生态恶化等问题日益突出，已成为制约经济社会可持续发展的主要瓶颈。根据中共中央、国务院《关于加快水利改革发展的决定》（中发〔2011〕1号）、《国务院关于实行最严格水资源管理制度的意见》（国发〔2012〕3号）、《国务院办公厅关于印发实行最严格水资源管理制度考核办法的通知》（国办发〔2013〕2号）和内蒙古党委、政府《关于加快水利改革发展的实施意见》（内党发〔2011〕1号）精神，现就我区实行最严格水资源管理制度提出如下意见：

一、总体要求

（一）指导思想。深入贯彻落实科学发展观，以实现水资源可持续利用和维护河湖生态健康为目标，以水资源节约保护和优化配置为重点，强化用水需求和用水过程管理，通过健全制度、落实责任、提高能力、强化监管，严格控制用水总量，全面提高用水效率，严格控制入河湖排污总量，加快节水型社会建设，促进经济发展方式转变，推动经济社会发展与水资源水环境承载能力相协调，保障区域经济社会长期平稳较快发展。

（二）基本原则。坚持以人为本，着力解决人民群众最关心最直接最现实的水资源问题，保障饮水安全、供水安全和生态安全；坚持人水和谐，尊重自然规律和经济社会发展规律，处理好水资源开发利用与节约保护的关系，以水定需、量水而行、因水制宜；坚持统筹兼顾，协调好生活、生产和生态用水，协调好上下游、左右岸、干支流、地表水和地下水以及不同区域的关系；坚持改革创新，完善水资源管理体制和机制，改进管理方式和方法；坚持因地制宜，实行分类指导，注重制度实施的可行性和有效性。

（三）主要目标。

确立水资源开发利用控制红线，到 2015 年、2020 年和 2030 年全区用水总量分别控制在 199 亿立方米（不包括黑河水量，下同）、211.57 亿立方米和 236.25 亿立方米以内；确立用水效率控制红线，到 2015 年用水效率水平进一步提高，万元工业增加值用水量比 2010 年下降 27%，农田灌溉水有效利用系数提高到 0.501 以上；确立水功能区限制纳污红线，到 2015 年、2020 年和 2030 年重要江河湖泊水功能区水质达标率分别达到 52%、71% 和 95% 以上，切实保障生态用水，加快地下水超采治理步伐，实现地下水超采区的采补平衡。

二、加强水资源开发利用控制红线管理，严格实行用水总量控制

（一）严格实行取用水总量控制制度。以西辽河分水方案和黄河流域重要支流水量分配方案为重点，细化全区主要河流水量分配方案，逐步建立覆盖自治区、盟市、旗县（市、区）三级行政区域的取用水总量控制指标体系，实施区域取用水总量控制制度。全面实行计划用水管理，根据当年来水情况以及企业计划产量、定额下达用水计划。

（二）严格实施取水许可制度。严格规范取水许可审批管理，对取用水总量已达到或者超过控制指标的地区，严格控制新增取水，从源头加强建设项目需水管理。对不符合国家产业政策或列入国家产业结构调整指导目录中淘汰类的，产品不符合自治区行业用水定额标准或不满足清洁生产相关标准的，在城镇公共供水管网能够满足用水需要却通过自备取水设施取用地下水的，以及地下水严重超采的地区取用地下水的建设项目取水申请，一律不予受理。建立完善取水许可管理台账制度，规范相关文件、表格，理顺许可管理手续程序。

（三）严格实行水资源有偿使用制度。认真执行《内蒙古自治区水资源费征收标准及相关规定》，严格水资源费征收、使用和管理。按照规定的征收范围、对象、标准和程序征收，确保应收尽收，任何单位和个人不得擅自减免、缓征或停征水资源费。对故意拖欠、拒缴水资源费的企业依法予以处罚。水资源费主要用于水资源的节约、保护和管理，严格依法查处挤占挪用水资源费的行为。

（四）严格水资源论证制度。严格建设项目水资源论证制度，对未依法完成水资源论证的建设项目，审批机关不予审批。以工业园区、行业专项规划水资源论证为重点，全面推进规划水资源论证工作，对未完成规划水资源论证的园区，不予受理园区内单项建设项目水资源论证。在水资源论证水源配置中，优先利用中水、疏干水等非常规水源，并将其纳入水资源统一配置和管理。对超出水资源论证有效期建设项目的取用水指标，各级水行政主管部门要及时收回并重新配置。加大执法监察力度，对未履行水资源论证审批手续、擅自变更批复内容、违法违规取用水和排污入河的建设项目，严格依据相关法律法规予以查处。

（五）严格地下水管理和保护。认真执行《内蒙古自治区地下水管理办法》，落实地下水保护行动计划，将地下水保护行动年度实施方案纳入地方考核体系。严格地下水超采区治理工作，在地下水超采区，禁止农业、工业建设项目和服务业新增取用地下水，并逐步削减超采量，2020年实现地下水超采区采补平衡。逐步建立区域和重要水源地地下水取用水总量控制和水位控制双指标监测体系。划定并公布地下水禁采区和限采区。严禁抽用地下水发展高耗水产业。规范机电井建设审批管理，限期关闭在城镇公共供水管网覆盖范围内的自备水源井。

（六）着力推进水权转让工作。逐步建立健全水权制度和水权交易制度，培育水市场，鼓励开展水权交易，推进行业内和跨行业、区域内和跨区域的水权交易。稳步推进黄河干流水权转让试点，启动盟市间水权转让工作，开展跨行政区水权转让交易试点。

（七）强化水资源统一调度。加强黄河水量调度管理，对各引黄灌区和主要用水户实行"总量控制与定额管理相结合"的管理制度，严格关键期水量调度，确保年度全区引黄水量不超分水指标。严格黑河水量调度，确保黑河水主要用于额济纳绿洲生态恢复，适时开展西辽河等河流水量调度工作。

三、加强用水效率控制红线管理，全面推进节水型社会建设

（一）全面加强节约用水管理。各级人民政府要切实履行推进节水型社会建设的责任，发展节水型农业、工业、服务业，把节约用水贯穿于经济社会发展和群众生产生活的全过程，在水资源短缺、生态脆弱地区严格限制高耗水工业项目建设和高耗水服务业发展，遏制农业粗放用水。充分发挥各级节约用水办公室在建设节水型社会中的指导和协调作用。继续开展节水型企业、单位、学校、社区等创建和评比活动，发挥节水典型的示范带动作用，强化舆论监督，营造良好氛围。

（二）强化用水定额管理。新建项目的用水定额必须符合《内蒙古自治区行业用水定额标准》。强化用水监控管理，对纳入取水许可管理的单位和其他用水大户实行计划用水管理。实行节水"三同时"制度，对违反"三同时"制度的责令停止取水并限期整改。对各类取用水户定期开展水平衡测试工作，促进取用水户节水水平和用水效率的提高。开展全区大型灌区、重要城镇、大中型工业企业和重点园区的用水效率评估工作。

（三）加快推进节水技术改造。实行节水器具准入制度，禁止生产和销售不符合节水强制性标准的产品。加大农业节水改造力度，大力发展管道输水、喷灌、微灌等高效节水灌溉。将中水和疏干水等非常规水源纳入水资源统一配置。

四、加强水功能区限制纳污红线管理，严格控制入河湖排污总量

（一）严格水功能区监督管理。结合建设项目水资源论证和取水许可审批，严格水功能区划管理，对不符合水功能区划要求的项目一律不予批复。结合流域水功能区限制纳污制度能力核定工作，尽快完成我区各主要河流、各水功能区及各行政区纳污能力核定工作，并提出限排意见。配合流域机构和环保部门，做好省界断面和主要功能区水质监测工作。规范入河排污口审批管理程序，加强监察力度，对违规排污入河的，依法惩处。将水功能区监测和达标建设纳入各级政府考核指标体系。对排污量超出水功能区限排总量的地区，限制审批新增取水和入河排污口。

（二）加强饮用水水源保护。以列入全国重要饮用水水源地名录的水源地保护

为重点，开展全区饮用水源地保护和安全保障达标建设工作。完成我区城镇饮用水安全保障规划修编工作。公布全区重要饮用水水源地名录。强化饮用水水源应急管理和应急能力建设，完善饮用水水源地突发事件应急预案，建立备用水源。

（三）推进水生态系统保护与修复。以呼伦湖补水、乌梁素海恢复治理和额济纳旗绿洲生态恢复治理为重点，开展重点河湖水生态系统保护和修复工作。结合建设项目水资源论证审批与水功能区限制纳污管理，在项目前期工作阶段优先考虑和保障区域生态用水安全，对区域生态用水有影响的，严格落实补偿方案。

五、保障措施

（一）建立水资源管理责任和考核制度。将水资源开发、利用、节约和保护的主要指标纳入各级政府考核指标体系，分年度进行考核、通报和上报。考核结果交由上级干部主管部门，作为地方人民政府相关领导干部和相关企业负责人综合考核评价的重要依据。

（二）建立健全水资源监控与统计相结合的考核评价体系。完成自治区水资源管理信息系统建设。结合各流域机构水资源监测系统和国控点建设工作，逐步完善全区取用水户监测网络、地下水监测网络、水功能区监测网络建设，监测数据作为考核地方人民政府实行最严格水资源管理制度的依据之一。2020年建立起国家、自治区、盟市、旗县（市、区）四级监测站点构成的取用水户监测网络、地下水监测网络，重点取用水户也可建设相应的监测站点并长期动态监测。逐步提高水功能区监测覆盖率，2020年实现全区水功能区监测全覆盖和监测常规化。规范水资源管理统计工作，用准确的监测数据和法定的统计数据作为对各级政府考核的依据。

（三）完善水资源管理体制。进一步贯彻落实流域管理与行政区域管理相结合的水资源管理体制，切实加强水资源的统一规划、统一管理和统一调度。强化城乡水资源统一管理，对城乡供水、水资源综合利用、水环境治理和防洪排涝等实行统筹规划、协调实施，促进水资源优化配置。

（四）完善水资源管理投入机制。各级人民政府要拓宽投资渠道，建立长效、稳定的水资源管理投入机制，并将各级水资源费重点用于水资源节约、管理和保护工作，保障最严格的水资源管理制度的实施。

（五）健全政策法规和社会监督机制。着力完善最严格水资源管理制度配套法律法规的完善工作，出台《内蒙古入河排污口管理办法》。制定《实行最严格水资源管理制度考核办法》。继续广泛深入开展水资源节约保护宣传教育，强化社会舆论监督，进一步增强全社会水忧患意识和水资源节约保护意识，形成节约用水的良好风尚。

索　引